PIANO

Adventures® *de Nancy y Randall Faber*

EL MÉTODO BÁSICO PARA PIANO

Este libro pertenece a: —————————————————————

Traducido y editado por Isabel Otero Bowen
y Ana Cristina González Correa

Coordinador de producción: Jon Ophoff
Portada e ilustraciones: Terpstra Design, San Francisco
Grabado y tipografía: Dovetree Productions, Inc.

ISBN 978-1-61677-657-2

ÍNDICE

Haz un seguimiento de tu progreso: colorea o
pega una estrella al lado de cada pieza o ejercicio.

¡Prepárate para comenzar!
(Repaso del Nivel 1)

RITMO

♩ = _____ tiempo   ♪ = _____ tiempos   ♩. = _____ tiempos   𝅝 = _____ tiempos   𝄽 = _____ tiempo

SIGNOS DE COMPÁS

4/4   _____ tiempos en cada compás
        _____ dura 1 tiempo
        (dibuja la nota)

3/4   _____ tiempos en cada compás
        _____ dura 1 tiempo
        (dibuja la nota)

MATICES

Los matices son los "fuertes" y "suaves" en la música.

Encierra en círculos las respuestas correctas.

forte (f) significa
fuerte / suave

piano (p) significa
fuerte / suave

mezzo forte (mf) significa
medio fuerte / medio suave

NOMBRES DE LAS NOTAS

Escribe los nombres de las notas a continuación:

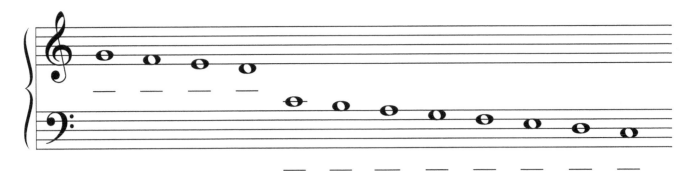

PASOS En el pentagrama, los pasos van de una **línea al siguiente espacio** o de un **espacio a la siguiente línea**.

Dibuja **pasos** hacia arriba o hacia abajo:

hacia ARRIBA   hacia ABAJO   hacia ARRIBA   hacia ABAJO

**SALTOS** En el pentagrama, los saltos van de una **línea a la siguiente línea** o de un **espacio al siguiente espacio**.

Dibuja **saltos** hacia arriba o hacia abajo:

hacia ABAJO   hacia ARRIBA   hacia ABAJO   hacia ARRIBA

Ejercicio de calentamiento: escala de DO de 5 dedos

Toca con las manos separadas y luego juntas.

Voy su - bien - do,   voy ba - jan - do,   lue - go sal - to al   DO, ¡DO!

f - p al repetir

Avance: escala de SOL de 5 dedos

Encuentra la **escala de SOL de 5 dedos** en el piano. Observa que SOL es ahora la primera nota de la escala. Toca el ejercicio de calentamiento anterior en la **escala de SOL de 5 dedos**.

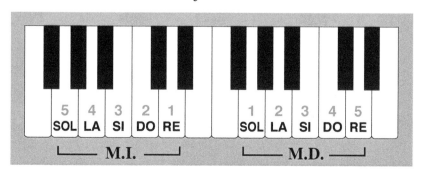

Las 5 líneas de la clave de SOL

Regla: los **saltos** van de una línea a la siguiente línea.

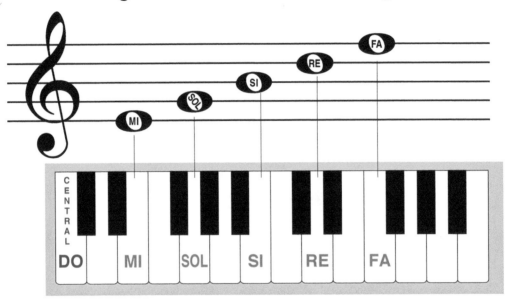

Ejercicio #1
Memoriza los nombres de las notas que se escriben en las **líneas**.

Ejercicio #2
Toca y di los nombres de las notas que se escriben en las **líneas**. Hazlo 3 veces.

Ejercicio #3
Tu profesor dirá: "línea 1" o "línea 5", etc. ¿Qué tan rápido puedes tocar la nota y decir su nombre?

Ejercicio #4
Colorea las notas para que no puedas leer sus nombres. Tu profesor señalará una nota. Tócala y di su nombre.

Ejercicio #5
Nombra y toca las siguientes notas. Cada ejemplo comienza con una nota de LÍNEA y luego da un paso hacia arriba o hacia abajo. Tócalos diciendo los nombres de ambas notas en voz alta.

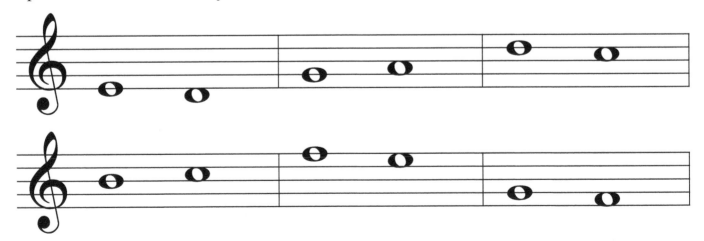

Nota para el profesor: repita estas actividades durante este nivel. Su repaso regular desarrollará la confianza en la lectura.

Las 3 "notas guías" de la clave de FA

Ejercicio #1

Tu profesor señalará una "nota guía".
¿Qué tan rápido puedes tocarla y decir
su nombre?

Ejercicio #2

¿Estás listo para un reto?
Colorea las notas e inténtalo de nuevo.

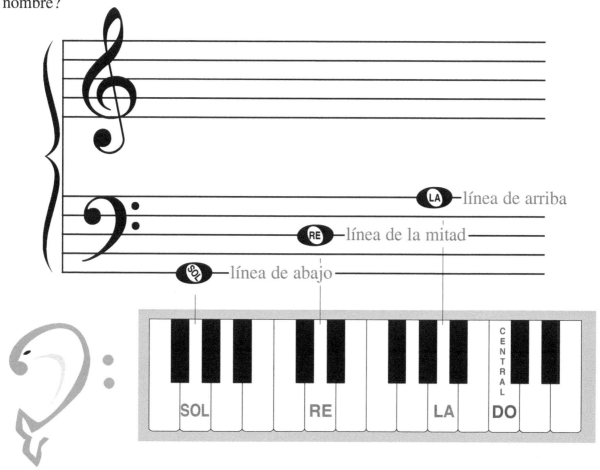

Ejercicio #3

Nombra y toca las siguientes notas. Si es difícil, pregúntate cuál es la nota guía más cercana para
luego subir o bajar desde esa nota.

Pieza de repaso

Encierra en círculos los siguientes
símbolos en *La luciérnaga*.

- la clave de SOL (repinta la **línea de SOL**
  en el primer compás)

- la clave de FA (repinta la **línea de FA**
  en el primer compás)

- *mezzo forte* (**mf**)   *piano* (**p**)

- el signo de compás

La luciérnaga
Escala de DO de 5 dedos

Moderado

Acompañamiento para el profesor (el alumno toca *1 octava más alto*):

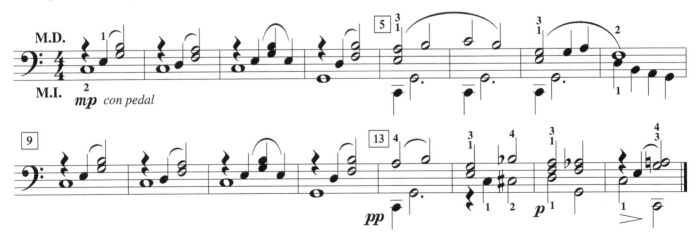

Técnica e interpretación, página 4 (La curvatura de la mano)

9

¡Mí - ra - la, mí - ra - la! Vue - la la lu - ciér - na - ga.

1   3

13

p Por a - quí, por a - llá, *mf* lin - da de ver - dad.

Transposición

¿Sabías que puedes tocar *La luciérnaga* en la **escala de SOL de 5 dedos**?

- Pon ambas manos en la escala de SOL de 5 dedos. Lee los pasos, saltos y notas repetidas.

- Esto se llama **transposición**. Di esta palabra en voz alta.

Escala de SOL de 5 dedos

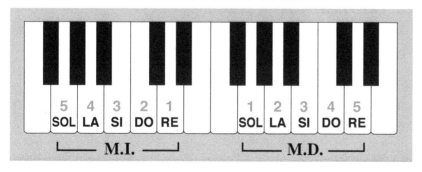

Legato: conectar las notas sin interrumpir el sonido.

Cuando caminas, un pie se queda abajo mientras el otro se eleva.
Cuando tocas *LEGATO*, un dedo se queda abajo mientras el otro se eleva.

- Sobre la tapa cerrada del piano, "camina" con los **dedos 2** y **3**. Hazlo con cada mano.

- Repite el ejercicio con los **dedos 1-2** y **3-4**.

Ligadura: una línea curva que va por encima o por debajo de un grupo de notas y que significa que hay que tocar ligado (*legato*).

El arroyo
Escala de DO de 5 dedos

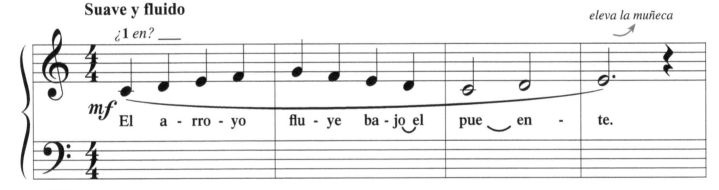

Suave y fluido

eleva la muñeca

¿1 en? ___

mf El a - rro - yo flu - ye ba - jo el pue en - te.

5

El a - rro - yo flu - ye ba - jo el pue en - te. *eleva la muñeca* *p*

¿1 en? ___

DESCUBRIMIENTO

¿Puedes transponer esta pieza a la **escala de SOL de 5 dedos**?

Acompañamiento para el profesor (el alumno toca *1 octava más alto*):

M.D.

M.I. *mp* ped. simile *pp*

Las notas del arroyo

1. Dibuja cada ligadura. Luego encierra en círculos las respuestas correctas: **pasos** o **saltos**. Finalmente, escribe los nombres de las notas.

paso / salto   pasos / saltos   pasos / saltos   paso / salto

nombres
de las notas: ___ ___   ___ ___ ___   ___ ___ ___   ___ ___

La melodía ligada del arroyo

2. • Dibuja una **ligadura** desde la *primera* hasta la *última* nota de cada línea.

• Observa el signo de compás y añade una barra de compás después de cada **4 tiempos**.

• Dibuja una "carita feliz" sobre cada compás que tenga la **misma melodía** del *compás 1*.

Suave y fluido

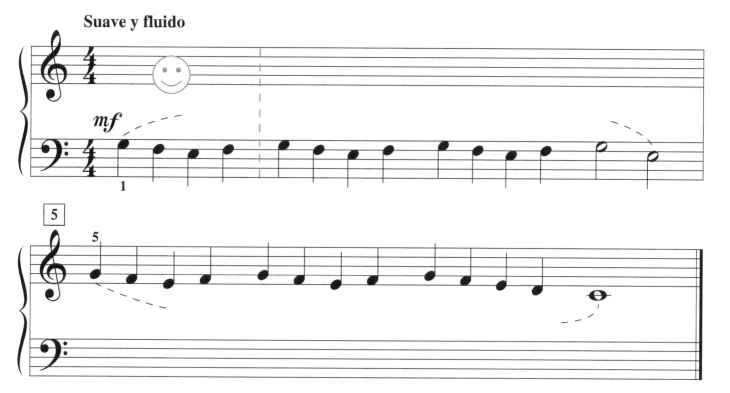

3. Ahora toca la música. Cuando termines, es posible que tu profesor te pida que escribas los **nombres** al lado de las notas.

Vamos a navegar

Presta atención: ¡siente los silencios de negra!

Animado

¿1 en? ___

mf Ven con - mi - go   al mar,   va - mos a na - ve - gar.

¿1 en? ___

5
3
Yo te in - vi - to a   go - zar,   ma - ra - vi - llas   sin par.

9
3
1
4
2
p Con el vien - to   a fa - vor,   dis - fru - tan - do   del ca - lor.
cada vez más fuerte   f
3

13
mf ¡Es u - na a - ven - tu - ra que no   pue - des de - jar   pa - sar!

DESCUBRIMIENTO
Encuentra una ligadura de un compás, otra muy corta y una m-u-y l-a-r-g-a.

PREGUNTA: ¿En qué se parecen una melodía y un río?

RESPUESTA: Ambos giran y dan vueltas. ¡Ninguno va en línea recta!

Melodías navegantes

1. Conecta cada melodía con el "río" que tiene la misma forma.
Pista: puede ser más fácil si tocas la música primero.

a.

b.

c.

d.

2. ¿Puedes dibujar la forma de esta melodía?

(dibújala)

Ligaduras navegantes

3. Ahora dibuja una **ligadura** desde la *primera nota* hasta la *última nota* de cada uno de los ejemplos anteriores. Luego toca cada ejemplo y trata de lograr un sonido uniforme y *legato*.

El pedal de resonancia

El **pedal de resonancia** es el derecho.

Indicación de pedal:

Pedal   *mantenlo presionado*   Pedal
ABAJO   ARRIBA

Usa tu pie derecho para presionar el pedal de resonancia.
Tu profesor te mostrará cómo.

La rueda de la fortuna

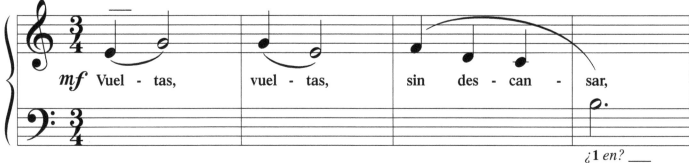

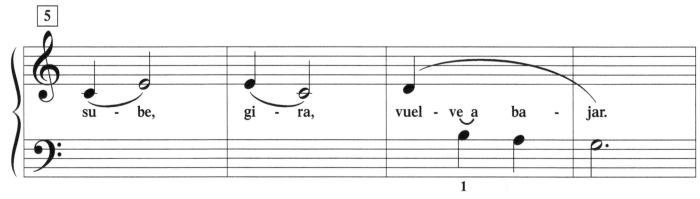

Acompañamiento para el profesor (el alumno toca *1 octava más alto*. El profesor presiona el pedal durante el dueto):

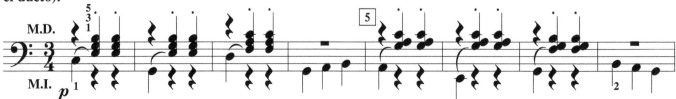

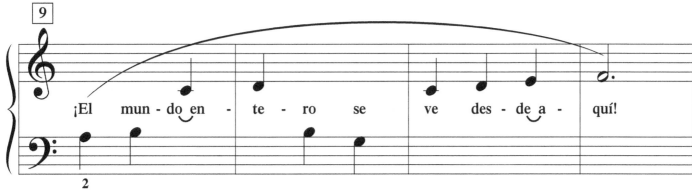

9 ¡El mun-do_en - te - ro se ve des-de_a - quí!

2

13 Rue - da, rue - da, ¡te quie-ro_a ti!

3 3 1

3

Nota para el profesor: enseñar este pasaje por demostración.

¡Para y disfruta la vista!

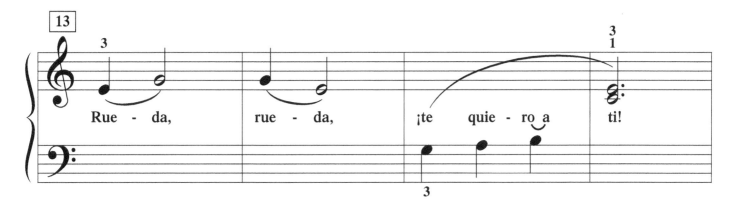

17 *cada vez más l-e-n-t-o* ¡Voy a su - bir a la ci - ma_y pa - rar!

3 1 MI DO 3 1 MI DO

f *mf* *p*

Pedal abajo *Pedal arriba*

DESCUBRIMIENTO Señala la **ligadura** que abarca 4 compases.

9 2 **13** **17** *mf* *8va*

Una **ligadura** se dibuja por encima o por debajo de un grupo de notas.

Una **ligadura de prolongación** conecta una nota a la *misma* nota.

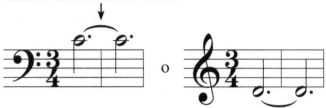

• Escribe "**ligadura**" o "**ligadura de prolongación**" debajo de cada ejemplo.

Ej. ___ligadura___

_____

_____

_____

_____

_____

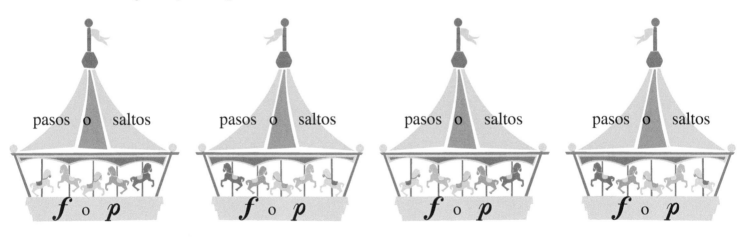

Escucha: tu profesor tocará un grupo de notas. Encierra en círculos las respuestas correctas.

• ¿Escuchas **pasos** o **saltos**?

• ¿Sonó *forte* o *piano*?

pasos o saltos   pasos o saltos   pasos o saltos   pasos o saltos

f o *p*   *f* o *p*   *f* o *p*   *f* o *p*

Para uso exclusivo del profesor: los ejemplos se pueden tocar en cualquier orden. Pídale al alumno que cierre los ojos mientras escucha.

Staccato: separar las notas para crear sonidos más cortos y nítidos.

Para tocar *staccato*, levanta el dedo rápidamente de la tecla.
Staccato es lo opuesto a *legato*.

El *staccato* se marca con un pequeño punto por **encima** o
por **debajo** de la nota.

Dos maneras de saltar

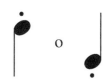

1. Toca la canción usando **solamente los dedos 3**,
   con los pulgares detrás como soporte.

2. Repite con los **dedos 1-2-3-4-5**.
   ¡Escucha y trata de lograr un sonido
   nítido y *staccato*!

Conejito saltarín

Escala de DO de 5 dedos

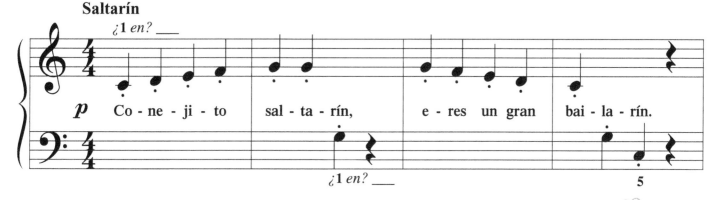

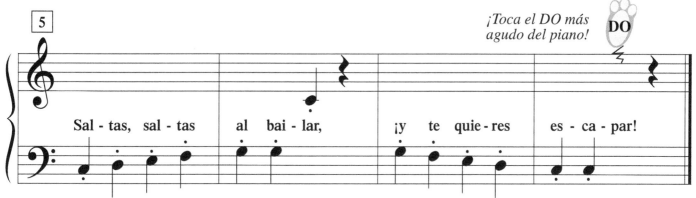

Acompañamiento para el profesor:

El ratoncito de la casa embrujada

Presta atención: ¿tienes los dedos
redondos? ¿Estás tocando con las puntas?

Juguetón

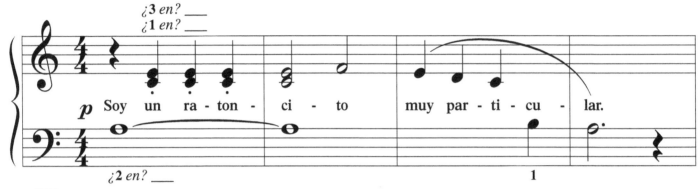

¿3 en? ___
¿1 en? ___

p Soy un ra - ton - ci - to muy par - ti - cu - lar.

¿2 en? ___

1

5

4
2

A to - da la gen - te quie - ro a - sus - tar,

9

cada vez más fuerte

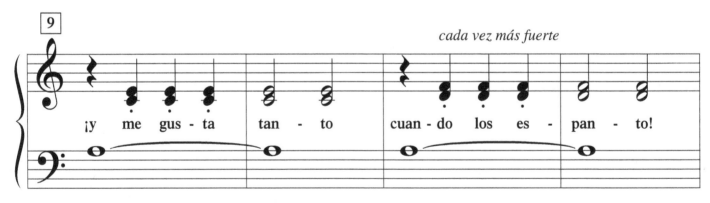

¡y me gus - ta tan - to cuan - do los es - pan - to!

13

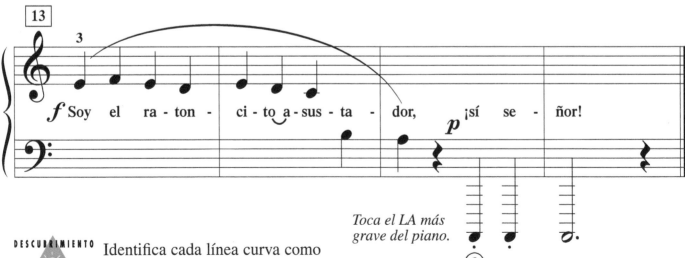

3

f Soy el ra - ton - ci - to a - sus - ta - dor, *p* ¡sí se - ñor!

*Toca el LA más
grave del piano.*

3

DESCUBRIMIENTO Identifica cada línea curva como
una **ligadura** o una **ligadura de prolongación**.

En las notas *staccato*, el punto se pone **encima** o **debajo** de la cabeza de la nota.

En las notas con puntillo, el punto se pone **al lado** de la nota.

Ritmos para las dos manos

- Escribe el conteo de los tiempos de cada ritmo: "1-2-3-4".

- Luego marca los ritmos sobre la tapa cerrada del piano. ¡Asegúrate de hacerlo con la mano correcta!

1

2

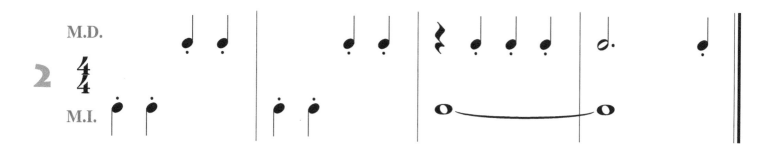

3

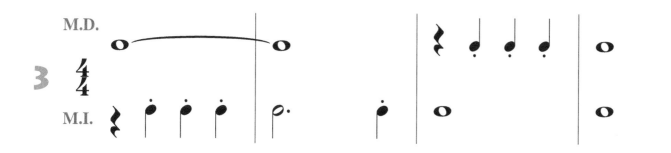

Calentamiento para el compás 3

- Toca este compás tres veces *legato*.
  Observa que los mismos dedos
  de ambas manos tocan juntos.

- Ahora tócalo varias veces *staccato*.
  ¿Tienes las muñecas relajadas?

Danza clásica
Escala de _____ de 5 dedos

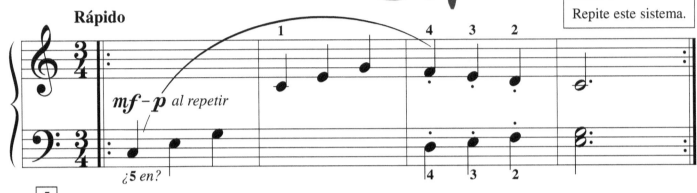

Rápido

Repite este sistema.

mf–p al repetir

¿**5 en?**

p

cada vez más fuerte

f

mf

cada vez más suave y más l-e-n-t-o

p

DESCUBRIMIENTO Fíjate si las notas de cada compás dan *pasos* o *saltos*. Luego toca la pieza en la
escala de SOL de 5 dedos.

Acompañamiento para el profesor:

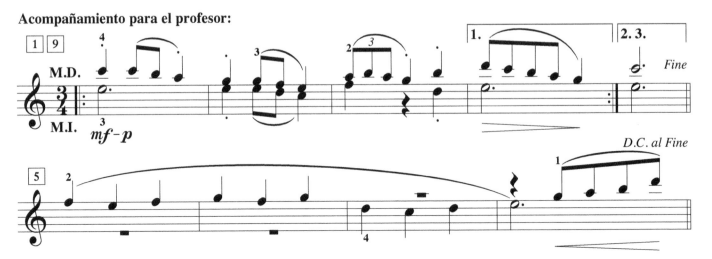

M.D.

M.I.   *mf–p*

Fine

D.C. al Fine

Técnica e interpretación, páginas 10-11

El LA Central

— la línea de SOL — LA

Este LA se escribe en el **segundo espacio**, un paso hacia arriba de la línea de SOL.

- Encuentra este **LA** en el teclado.
- Tócalo con los dedos 2, 3 y 4 de la M.D.

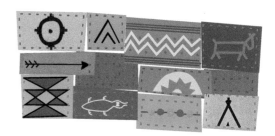

El cazador

Moderado

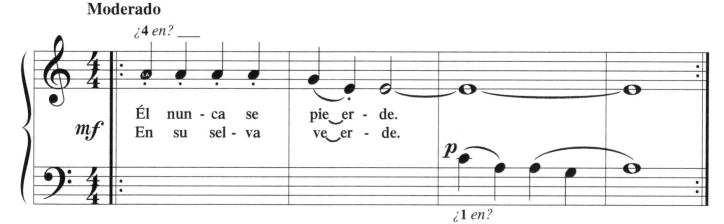

¿**4** en? ___

mf

Él nun - ca se pie er - de.
En su sel - va ve er - de.

p

¿**1** en?
___

5

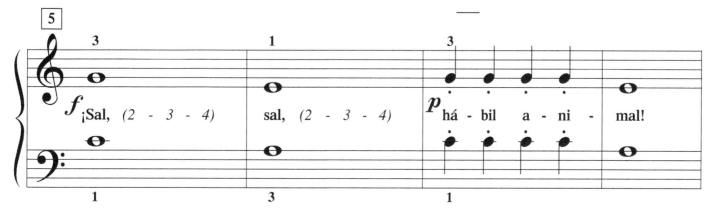

3   1   3

f ¡Sal, (2 - 3 - 4)   sal, (2 - 3 - 4)   *p* há - bil a - ni - mal!

1   3   1

9

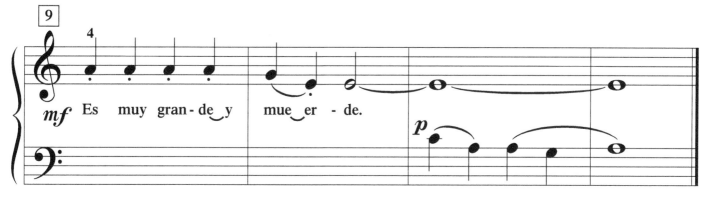

4

mf Es muy gran - de y mue er - de.

p

DESCUBRIMIENTO

¿Cuáles de estos sistemas son **iguales**? ¿Puedes memorizar esta canción?

Acompañamiento para el profesor (el alumno toca *1 octava más alto*):

M.D. [1] [9]   [5] *Fine*   *D.C. al Fine*

M.I. *mf*   *p*   *mf*   *p*

MI
DO
LA
FA

Los espacios de la clave de SOL

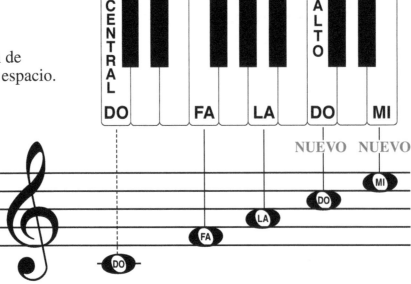

Regla: los **saltos** van de un espacio al siguiente espacio.

- En el teclado, encuentra el FA que está arriba del DO Central.

- Toca y di los nombres de las notas en los espacios de la clave de SOL: FA-LA-DO-MI. ¿Diste *pasos* o *saltos?*

Saltos en el espacio

Estable

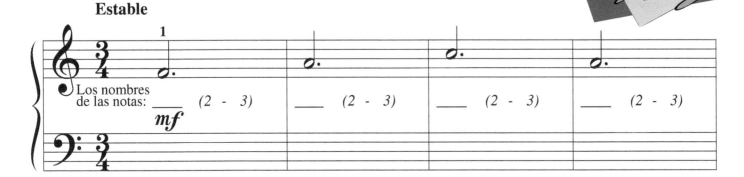

Los nombres de las notas: ___ (2 - 3)   ___ (2 - 3)   ___ (2 - 3)   ___ (2 - 3)

mf

Pedal abajo

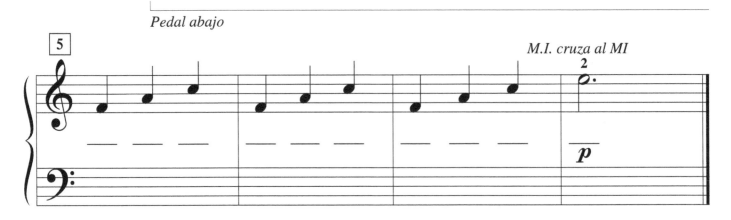

M.I. cruza al MI

p

Pedal arriba

C R E A C I Ó N ¿Puedes tocar esta pieza cruzando la M.I. al **FA**? ¿Puedes cruzar también al **LA** y al **DO**?

Técnica e interpretación, página 14

Planetas en el espacio

1. Escribe los nombres de notas que faltan para completar los "planetas".

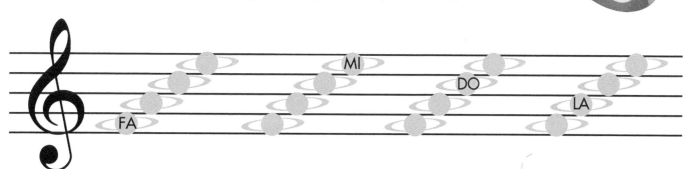

2. Escribe el nombre de cada "planeta en el espacio" en las líneas debajo del pentagrama.

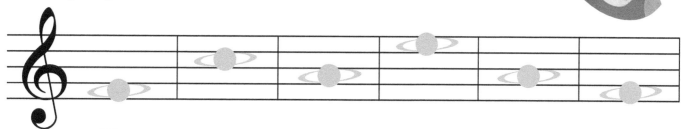

3. En cada compás, dibuja el "planeta" (nota redonda) correspondiente. Usa solamente las **notas de espacio**.

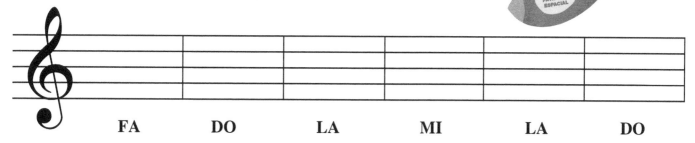

FA   DO   LA   MI   LA   DO

Reglas para las plicas

Las notas que se escriben **en** la línea central o **debajo** de esta, tienen las plicas hacia ARRIBA.

Las notas que se escriben **en** la línea central o **encima** de esta, tienen las plicas hacia ABAJO.

central

4. En el ejercicio 3, añade plicas para convertir las redondas en blancas. Sigue las reglas: **FA** y **LA** tienen las *plicas hacia arriba*, **DO** y **MI** tienen las *plicas hacia abajo*.

La banda del pueblo

Enérgico

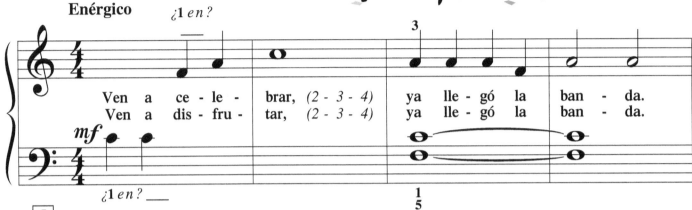

¿1 en?

Ven a ce - le - brar, (2 - 3 - 4) ya lle - gó la ban - da.
Ven a dis - fru - tar, (2 - 3 - 4) ya lle - gó la ban - da.

¿1 en?

¡repite!

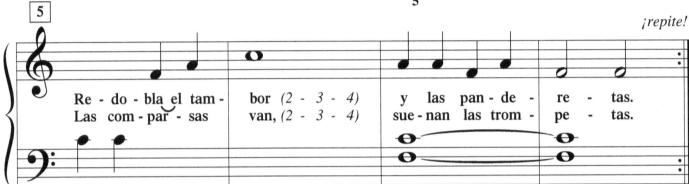

Re - do - bla el tam - bor (2 - 3 - 4) y las pan - de - re - tas.
Las com - par - sas van, (2 - 3 - 4) sue - nan las trom - pe - tas.

f ¡TU - RU! ¡TU - RU! ¡TU - TU - RU - TU - TÚ!

DESCUBRIMIENTO

¿Puedes transponer esta canción un paso hacia arriba, a la **escala de SOL de 5 dedos**?

Acompañamiento para el profesor (el alumno toca *1 octava más alto*):

M.D.

M.I.

¡Completa la música!

Completa la canción de la siguiente manera:

- Dibuja barras de compás según el **signo de compás**.

- Escribe el nombre debajo de cada nota en el primer sistema.

- Dibuja *staccatos* en cada nota del segundo sistema.

- Toca *¡A festejar!*

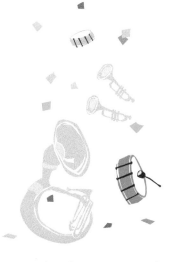

¡A festejar!

Enérgico

Ej. FA LA
f ¡TAN, TAN,   TAN, TAN!   ¡Ven - gan to - dos   a mar - char!

5 (Dibuja *staccatos* en esta línea de música).

Ej.
¡TU - TU - TU,   TU - TU - TU!   ¡Va - mos pron - to a   des - fi - lar!

9

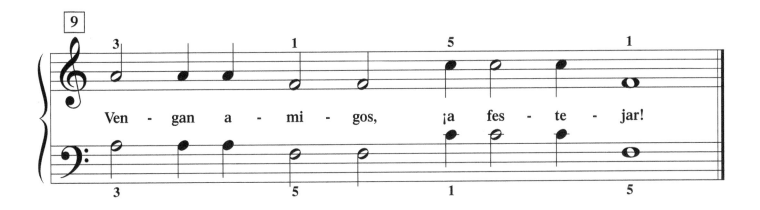

Ven - gan a - mi - gos,   ¡a fes - te - jar!

DESCUBRIMIENTO

¿Puedes transponer *¡A festejar!* a las **escalas de DO y SOL de 5 dedos**?

En esta pieza, la mano derecha **cambia de posición** en el *sexto compás*.

- Dibuja el círculo alrededor del dedo 1, como un recordatorio para bajar la M.D.

El pino solitario

Lento

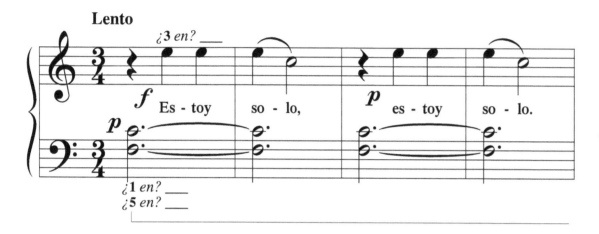

¿**3** *en?* ___

f Es - toy   so - lo,   *p* es - toy   so - lo.

p

¿**1** *en?* ___
¿**5** *en?* ___

5

cambia el ① *a FA*

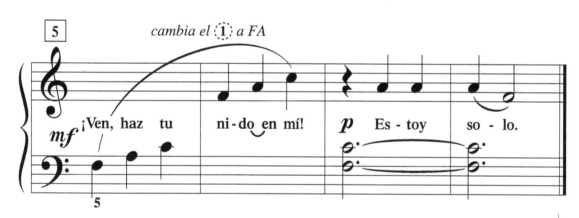

mf ¡Ven, haz tu   ni-do en mí!   *p* Es - toy   so - lo.

5

C R E A C I Ó N

Dibuja un pájaro para que el árbol no se sienta tan solo.

Acompañamiento para el profesor (el profesor presiona el pedal durante el dueto):

M.D.
M.I. *mp* 1   *pp*

5

mp 3   *5*   *pp* 1   *8va*

Nuevo signo de matiz

mp — *mezzo piano*
medio suave

- En la siguiente canción, encierra en círculos los matices **mp**.

Vamos a la mar

Canción tradicional de Guatemala

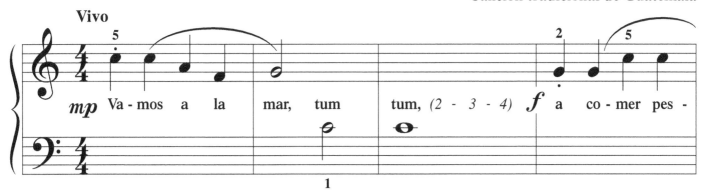

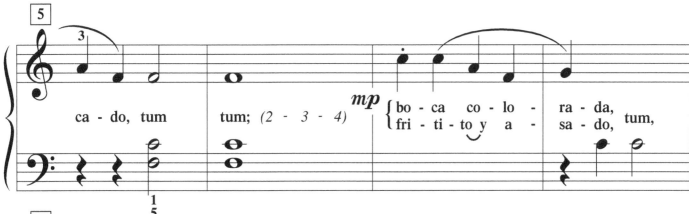

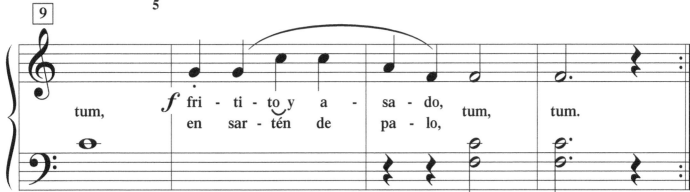

DESCUBRIMIENTO ¿Puedes transponer *Vamos a la mar* un paso hacia arriba, a la **escala de SOL de 5 dedos**?

Acompañamiento para el profesor (el alumno toca *1 octava más alto*):

Tres DOs en el sistema para piano

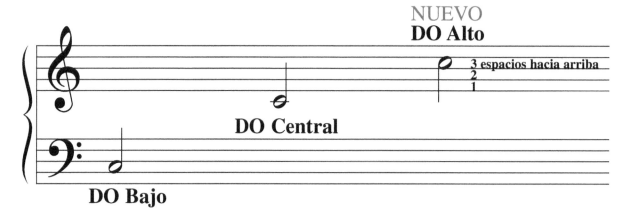

NUEVO
DO Alto

3 espacios hacia arriba
3
2
1

DO Central

DO Bajo

- **Toca** y **di** el nombre de cada DO varias veces.

- Antes de tocar, encierra en círculos todos los **DOs Altos**.

- Toca con la M.D. usando el dedo 3, con el pulgar como soporte.

¡Rock en DO!*

Rápido y roquero

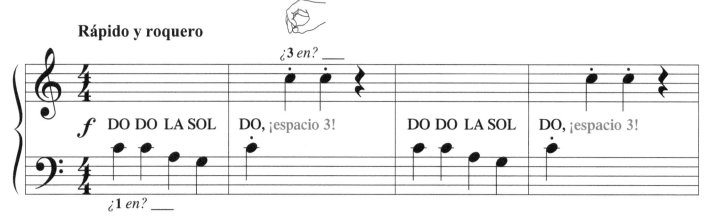

¿**3** en? ___

f DO DO LA SOL | DO, ¡espacio 3! | DO DO LA SOL | DO, ¡espacio 3!

¿**1** en? ___

5

3

A la oc - ta - va, | DO DO LA SOL | DO, ¡espacio 3!

⑤ ①

DESCUBRIMIENTO ¿Puedes tocar *¡Rock en DO!* comenzando con el pulgar izquierdo en el **DO Bajo** (1 octava más abajo)? ¡Ahora comienza 2 octavas más abajo!

¡Mueve el esqueleto!

1. Dibuja **DOs Bajos, Centrales o Altos** en cada compás.
Usa el ritmo indicado.

Rápido y roquero

5

2. Ahora toca junto con tu profesor. Usa los **dedos 3**, con los pulgares detrás como soporte.

Acompañamiento para el profesor:

8ᵛᵃ más bajo siempre

Acerca del joven Mozart

- Disfruta leyendo esta historia corta acerca de Mozart.

A Mozart le encantaban los juegos y las bromas, pero también era un alumno perspicaz. A los seis años de edad ya sabía tocar el violín y el teclado. Su papá lo llevaba a largas giras de conciertos por Europa para mostrar su talento. Los viajes eran lentos, por caminos llenos de baches y de bandidos peligrosos. Mozart se vestía como un adulto y cargaba una pequeña espada colgada en la cintura.

Ejercicios de calentamiento para Mozart

- Toca cada **patrón** tres veces, como se muestra a continuación, *subiendo una octava* en cada repetición.

- Eleva la muñeca al final de cada patrón.

DESCUBRIMIENTO ¿Puedes regresarte por las teclas, *bajando una octava* en cada repetición?

30

DO-RE-MI Altos

DO   **RE**   **MI Altos**

NUEVO   NUEVO

espacio   línea   espacio

- Toca y di los nombres de estas tres notas.

Los cinco nombres de Mozart*

Wolfgang Amadeus Mozart
(1756-1791, Austria)
adaptación

Brillante

¿*1 en?* ___

mf

Sí,   son   mu - chos,   pe - ro por fa - vor,

Piensa: "A - lou - et - te..."

¿*5 en?* ___

5

2

¡di   los   nom - bres   del com - po - si - tor!

(prepara la M.I.)

4

9

③

Di: "Jo - han - nes   Chry - sos - to - mus   Wolf - gang   A - ma -

5

f

15

eleva la muñeca

②

de - us   Mo - zart se lla - mó.   Mo - zart se lla - mó".

p cada vez más lento

DESCUBRIMIENTO

¿Cuál es tu nombre completo? _____

DO-RE-MI-FA-SOL Altos

NUEVO NUEVO

DO RE MI FA SOL Altos

espacio línea espacio línea espacio

- Toca estas cinco notas con los dedos 1-2-3-4-5 de la M.D.
¿Estás dando **pasos** o **saltos**?

El avioncito de papel

Estable

¿1 *en*? ¿pasos o saltos?   ¿pasos o saltos?   ¿pasos o saltos?

mf   Lo lan - cé y muy   fá - cil em - pe - zó a   vo -   lar.

5   ¿pasos o saltos?   ¿pasos o saltos?   ¿pasos o saltos?

¿No se - rá que el   vien - to se lo   va a lle -   var?

(prepara la M.I.)

9   ¿pasos o saltos?   ¿pasos o saltos?   ¿pasos o saltos?

f   ¡As - cen - dió!   *p* Lue - go pron - to   se ca -   yó.

¿1 *en*? ____

Acompañamiento para el profesor (el alumno toca *1 octava más alto*):

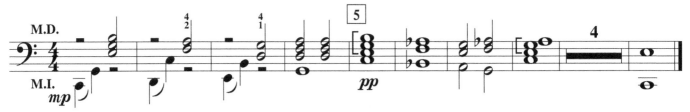

Técnica e interpretación, páginas 5 (Toca silenciosamente), 18

- Dibuja cada blanca y luego, ¡conviértela en negra!

DO   RE   MI   FA   SOL Altos

espacio   línea   espacio   línea   espacio

El vuelo del avioncito de papel

- Contesta las siguientes preguntas acerca de este vuelo:

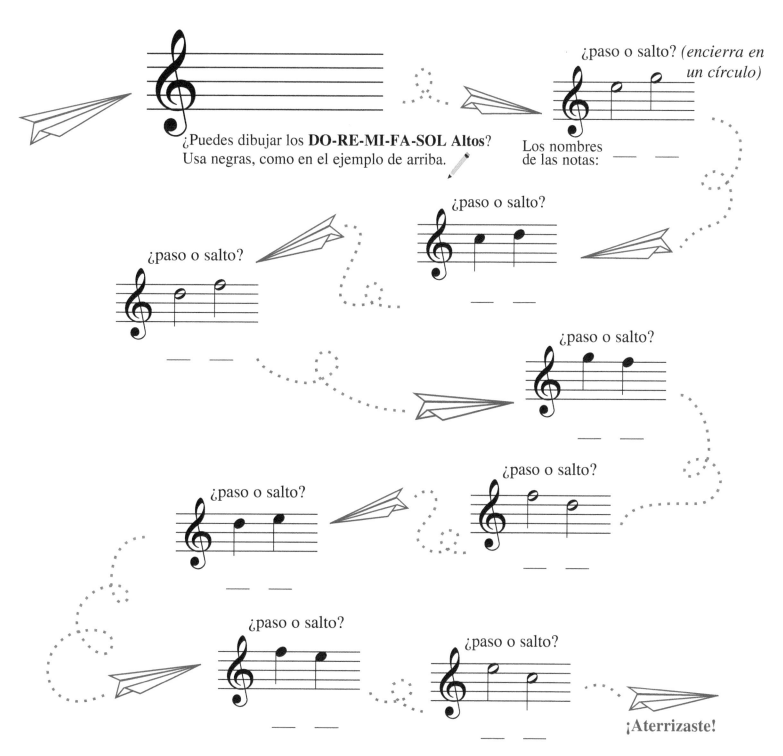

El malabarista

Brillante

¿3 en? ___
¿1 en? ___

U - vas o me - lo - co - tón,   tie - ne mu - cha   pre - ci - sión con

mf

¿1 en? ___

5

pla - tos, bo - las   y de - más,   ¡no cae - rán ja - más!

9   ¡El malabarista hace malabares con los DOs!

La M.D. cruza sobre la M.I.

Vue - lan,   gi - ran,   to - dos los   mi - ran.

mp   *cruza la ② M.D.*   *cruza la ② M.D.*

1   M.I. 1   1   M.I. 1

13

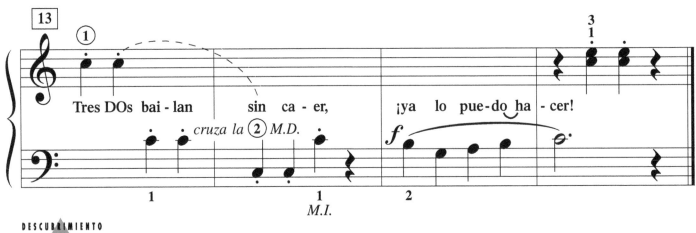

Tres DOs bai - lan   sin ca - er,   ¡ya lo pue - do ha - cer!

cruza la ② M.D.   *f*

1   M.I. 1   2

DESCUBRIMIENTO

¿Puedes memorizar esta pieza?

Malabares en el piano

Tocar a primera vista: tocar algo que nunca has visto antes. Toca los ejemplos a primera vista, después de leer los siguientes pasos:

1. *En silencio*, observa los **pasos** y **saltos** en cada compás.

2. Marca un pulso lento y estable antes de comenzar: "un, dos, tres, ¡y!"

3. ¡Mantén la mirada en la música mientras tocas!

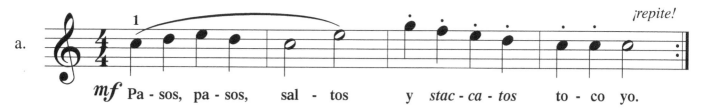

¡repite!

a. mf Pa - sos, pa - sos, sal - tos y *stac - ca - tos* to - co yo.

b. f Sal - tos doy, sal - tos doy, al su - bir, al ba - jar.

ENTRENAMIENTO
AUDITIVO

Cierra los ojos mientras tu profesor toca el **DO Bajo**, el **DO Central** o el **DO Alto**. Escucha con atención y escribe el DO correcto en los siguientes sistemas.

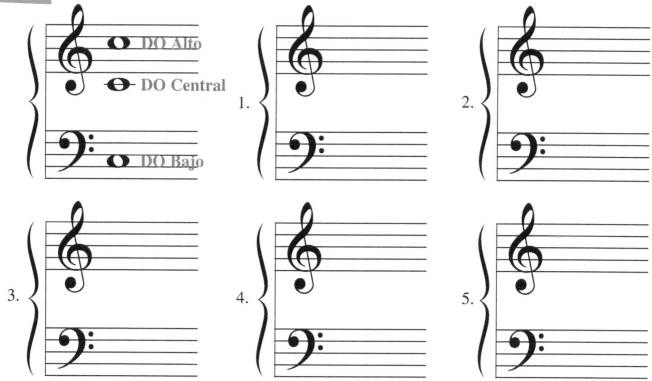

DO Alto
DO Central
DO Bajo

1.
2.
3.
4.
5.

Para uso exclusivo del profesor: los ejemplos se pueden tocar en cualquier orden.

    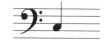

Nombra los intervalos

La distancia entre dos notas, ya sea en el teclado o en el pentagrama, se llama **intervalo**.

Intervalo de segunda

paso = 2.ª

Ya has aprendido lo que significa dar un **paso**.
Ahora le daremos un nuevo nombre: una segunda o **2.ª**.

En el teclado

Cuenta: **1   2 = 2.ª**

En el pentagrama

de una línea
al siguiente
espacio

o

de un espacio
a la siguiente
línea

Las segundas del tráfico

Vivo   ¿5 en?

mf Sue - nan las bo - ci - nas de los au - tos en { el / la } dí - i - a. / no - o - che.

¡repite!

¿5 en?

5 ¡Observa cómo se ven las segundas y escucha cómo suenan!

f ¡Bip, bip, bip!   ¡Bip, bip, bip!   ¡Ha - cen mu - cho   rui - do!

Dibuja las segundas

1. Dibuja una ✘ una 2.ª hacia ARRIBA de cada auto.

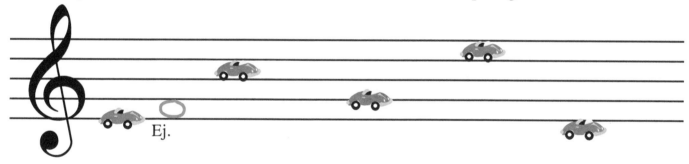

Ej.

2. Dibuja una **redonda** una 2.ª hacia ARRIBA de cada auto en el pentagrama.

Ej.

3. Dibuja una **redonda** una 2.ª hacia ABAJO de cada camión en el pentagrama.

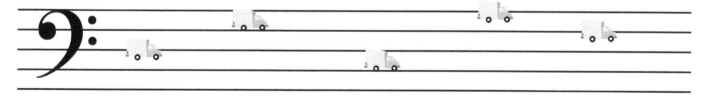

4. Encierra en círculos todas las segundas que encuentres a continuación. Pista: hay cinco.

DESCUBRIMIENTO **Las segundas** van de una LÍNEA al siguiente _____
o de un ESPACIO a la siguiente _____.

Intervalo de tercera

Ya has aprendido lo que significa dar un **salto**.
Ahora le daremos un nuevo nombre: una tercera o **3.ª**.

salto = 3.ª

En el teclado

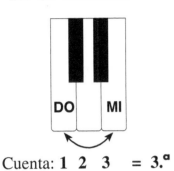

Cuenta: **1 2 3   = 3.ª**

En el pentagrama

**de una línea a la
siguiente línea**

o

**de un espacio al
siguiente espacio**

- Primero toca con las **manos separadas**.
  ¿Dónde tocas *staccato?*

- ¡Ahora toca con las **manos juntas**, para
  que parezca un autobús de dos pisos!

El autobús de dos pisos

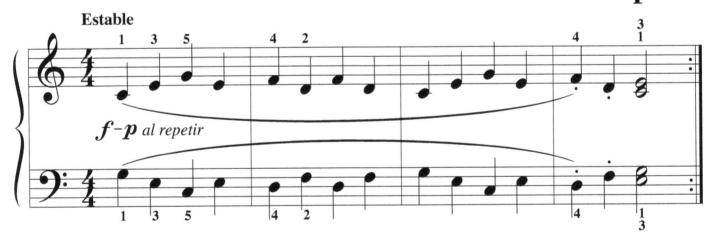

Estable

f-p al repetir

Cierra los ojos. Tu profesor tocará **segundas** o **terceras** (una nota a la vez
y luego al mismo tiempo). Encierra en un círculo el intervalo que escuches.

a. **2.ª   3.ª**   b. **2.ª   3.ª**   c. **2.ª   3.ª**   d. **2.ª   3.ª**

Para uso exclusivo del profesor: los ejemplos se pueden tocar en cualquier orden. Puede crear más ejemplos.

   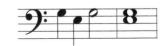

Navidad, Navidad

Tradicional

Alegre

¡Observa cómo se ven las terceras y escucha cómo suenan!

¿3 en? ___
¿1 en? ___

¿1 en? ___
¿3 en? ___

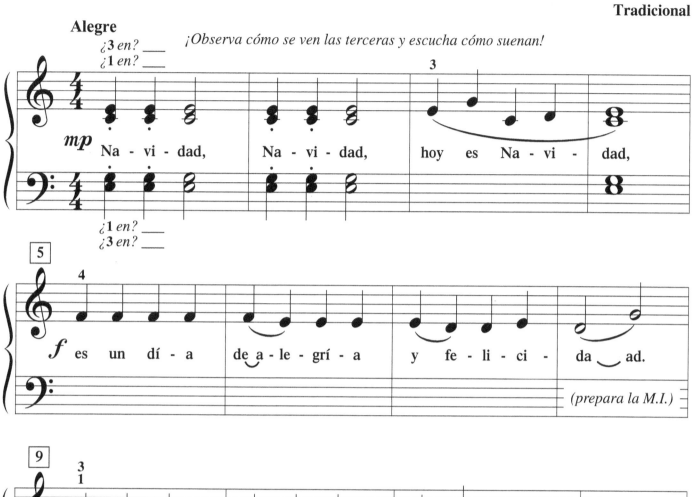

mp Na - vi - dad, Na - vi - dad, hoy es Na - vi - dad,

5

f es un dí - a de a - le - grí - a y fe - li - ci - da ad.

(prepara la M.I.)

9

mp Na - vi - dad, Na - vi - dad, hoy es Na - vi - dad,

13

f con cam - pa - nas es - te dí - a hay que fes - te - jar.

DESCUBRIMIENTO Las **terceras** se mueven de una LÍNEA a la siguiente _____
o de un ESPACIO al siguiente _____.

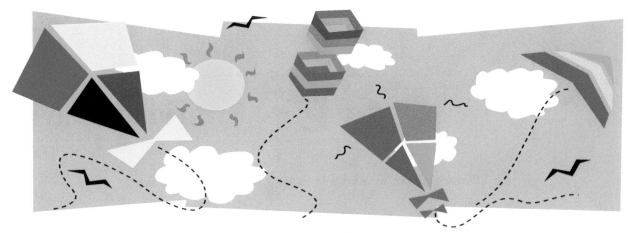

Ejercicio de calentamiento para el oído

Esta pieza tiene dos secciones.
Encuéntralas mientras tu profesor toca la pieza.

- ¿Cuál sección usa **segundas**?
- ¿Cuál sección usa **terceras**?

Cometas en el cielo

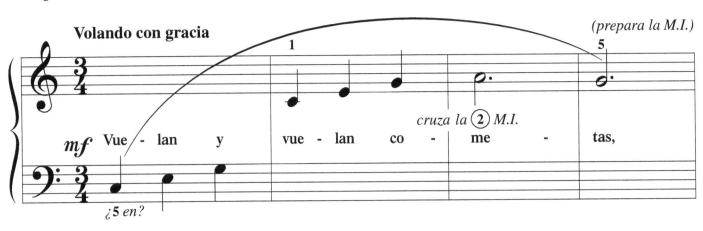

Volando con gracia

(prepara la M.I.)

cruza la ② M.I.

mf Vue - lan y vue - lan co - me - tas,

¿5 en?

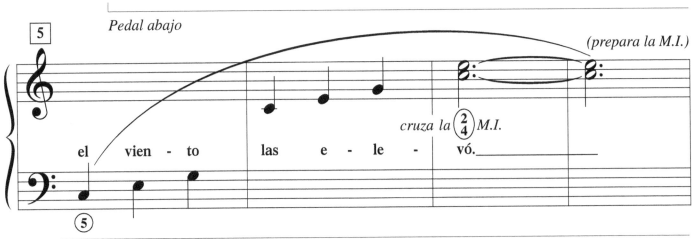

Pedal abajo

(prepara la M.I.)

cruza la ②/④ M.I.

el vien - to las e - le - vó.

(prepara la M.I.)

cruza la ② M.I.

Bai - lan y ha - cen pi - rue - tas,

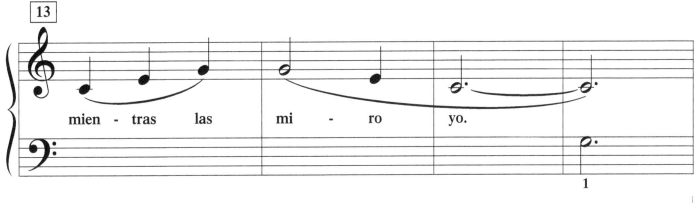

13

mien - tras las mi - ro yo.

Pedal arriba

17 **Libremente, subiendo con suavidad** (tu profesor te mostrará cómo).

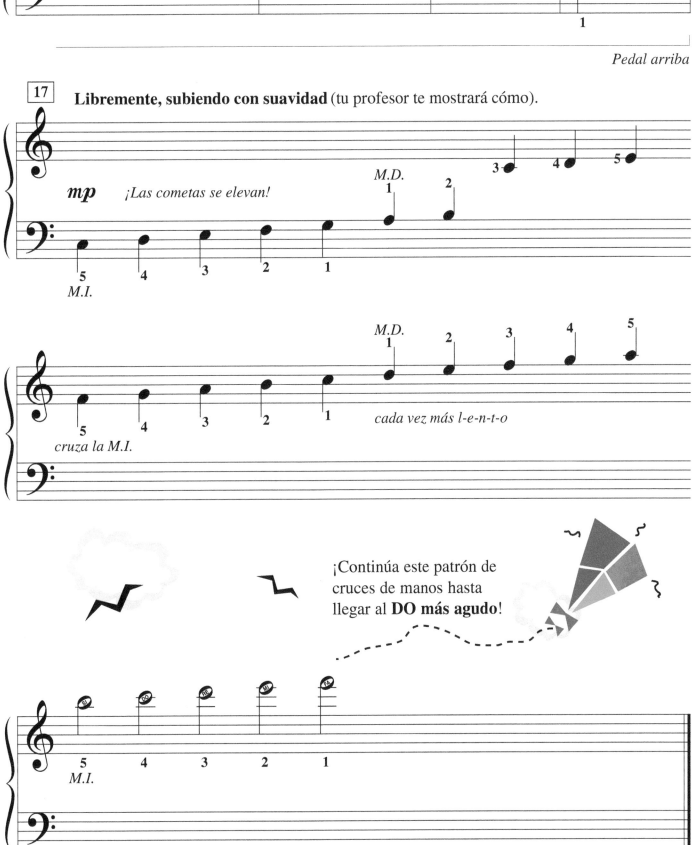

mp *¡Las cometas se elevan!*

M.D.

M.I.

M.D.

cruza la M.I.

cada vez más l-e-n-t-o

¡Continúa este patrón de cruces de manos hasta llegar al **DO más agudo**!

M.I.

Intervalo de cuarta

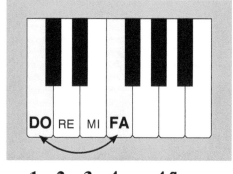

1 2 3 4 = 4.ª

Una **4.ª** abarca cuatro notas.

- Toca la cuarta **DO-FA** con los dedos **1-4** de la M.D.
  ¿Te suena como la música de *La marcha nupcial*?

- Repite con los dedos **5-2** de la M.I.

En el pentagrama

- Cuenta cada línea y cada espacio, incluyendo la *primera* y la *última* nota.
  Señala cada número y cuenta en voz alta.

de una línea a un espacio

o

de un espacio a una línea

Una canción confusa

Rápido y ágil

¿4 en? ___
¿1 en? ___

mf

¿2 en? ___

5

f Un se - ñor muy ba - jo se cre - yó muy al - to,

Técnica e interpretación, página 23

calderón 🞄

Sostén esta nota más tiempo de lo normal.

9

por - que vio su som - bra lar - ga co - mo un tren.

13

mf

17

f Un se - ñor muy al - to se cre - yó muy ba - jo,

21

por - que vio su som - bra cor - ta en el an - dén.

25

mf

f

DESCUBRIMIENTO

La nota que se encuentra una 4.ª DEBAJO de SOL es _____ ✏

La nota que se encuentra una 4.ª ENCIMA de SOL es _____

4.ª = un salto + un paso

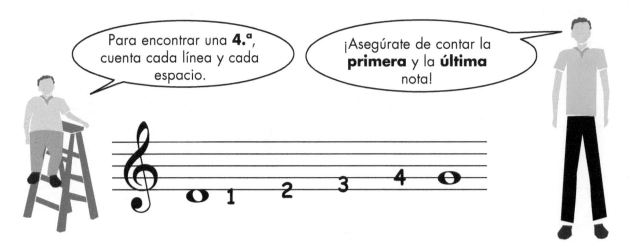

Intervalos de *Una canción confusa*

1. Dibuja una **4.ª hacia arriba** de cada nota. Luego escribe los nombres de ambas notas debajo.

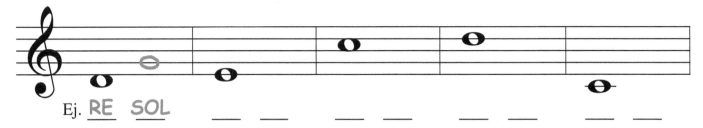

Ej. RE SOL

2. Escribe una **4.ª hacia abajo** de cada nota. Luego escribe los nombres de ambas notas debajo.

3. Identifica cada intervalo como una **2.ª**, **3.ª** o **4.ª**.

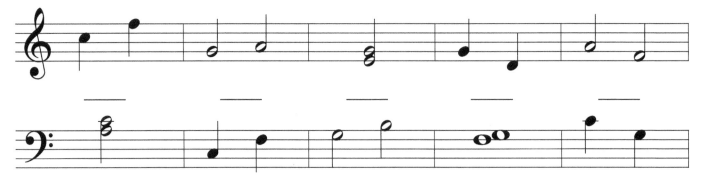

4. Marca con una X cada intervalo que no sea una **4.ª**.

 ¿Puedes imaginarte el teclado?

LA subiendo a **DO**	**MI** subiendo a **LA**	**RE** subiendo a **SI**
DO bajando a **SOL**	**SI** bajando a **LA**	**FA** bajando a **DO**

5. En este pentagrama hay cinco intervalos de **4.ª**. Enciérralos en círculos.

6. Toca a primera vista el siguiente pentagrama. Cuenta un compás antes de comenzar. ¡Pon atención a los intervalos de **4.ª**!

 ENTRENAMIENTO AUDITIVO

Cierra los ojos. Tu profesor tocará **segundas**, **terceras** o **cuartas**. Escucha cómo las notas suenan una a la vez y luego juntas.

Encierra en un círculo el intervalo que escuches.

a. 2.ª 3.ª 4.ª   b. 2.ª 3.ª 4.ª   c. 2.ª 3.ª 4.ª

d. 2.ª 3.ª 4.ª   e. 2.ª 3.ª 4.ª   f. 2.ª 3.ª 4.ª

Para uso exclusivo del profesor: los ejemplos se pueden tocar en cualquier orden y repetir varias veces. Puede crear más ejemplos usando este modelo.

El signo de octava 8va ⌐

Significa que hay que tocar una octava
más alto de lo que está escrito.

**Presiona el pedal derecho (de resonancia)
durante toda la pieza.**

La flauta andina

Moderado

¿**1** en? ___ **4**   ¡repite!

En el   dí - a   siem - pre sue - na   a - sí.
En la   no - che   siem - pre sue - na   a - sí.

mp   *mf*

¿**4** en?   **1**

5

mf ¿O - yes   ya la   flau - ta de ma - de - ra?

9

En   el   mon - te   siem - pre sue - na

mp   *mf*

4

12

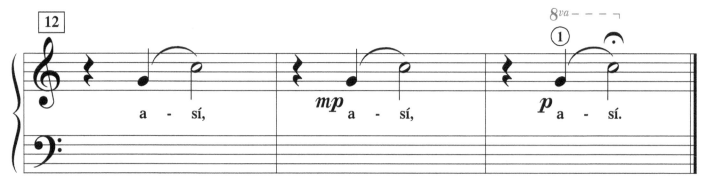

a - sí,   *mp* a - sí,   *p* a - sí.

8va

DESCUBRIMIENTO

¿Puedes tocar esta pieza usando los **dedos 2-5** para los intervalos de cuarta?

46

Mi conejito

Rápido

¿1 en? ___

mf Mi co — ne — ji — to es muy bo — ni — to,

(prepara la M.I.)

5

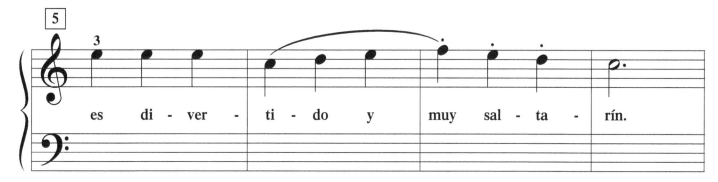

es di — ver — ti — do y muy sal — ta — rín.

9

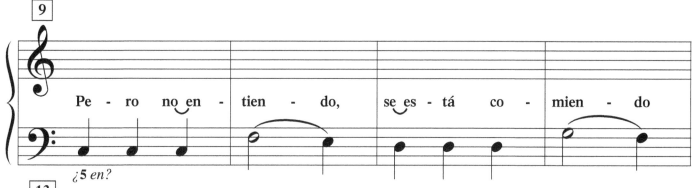

Pe — ro no en — tien — do, se es — tá co — mien — do

¿5 en? ___

13

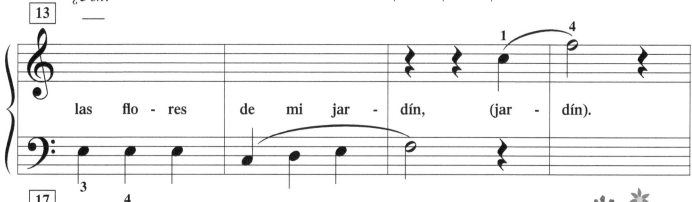

las flo — res de mi jar — dín, (jar — dín).

17

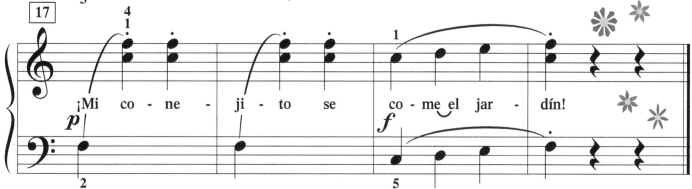

p ¡Mi co — ne — ji — to se co — me el jar — dín! *f*

Intervalo de quinta

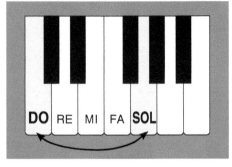

1 2 3 4 5 = 5.ª

Una **5.ª** abarca cinco notas.

- Toca la quinta **DO-SOL** con los dedos **1-5** de la M.D. ¿Te suena como la canción *Estrellita (Twinkle, Twinkle Little Star)*?

- Repite con los dedos **5-1** de la M.I.

En el pentagrama

- Cuenta cada línea y cada espacio, incluyendo la *primera* y la *última* nota. Señala cada número y cuenta en voz alta.

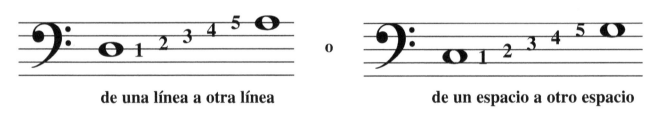

de una línea a otra línea   o   **de un espacio a otro espacio**

La selva tropical

Con delicadeza

CREACIÓN Toca esta canción a manera de **canon**.

Nota para el profesor: el estudiante toca 1 octava más alto. El profesor toca 1 octava más bajo y comienza en el *compás 3*.

Una vez hubo un juez

Escala de _____ de 5 dedos

Presta atención: ¿tienes los dedos redondos? ¿Estás tocando con las puntas?

Alegre

¿5 en?

Tradicional

U - na vez hu - bo un juez que vi - ví - a en A - ran - juez.

¿1 en? _____
¿5 en? _____

5

Fue a pes - car un gran pez, u - no dos y tres.

9

En la o - ri - lla lo co - mió y al sol - ci - to se dur - mió,

13

y des - pués, un, dos, tres, se vol - vió a A - ran - juez.

DESCUBRIMIENTO

Nombra cada intervalo que toca la M.I.
¿Puedes transponer esta canción a la **escala de SOL de 5 dedos**?

5.ª = un salto + otro salto

Para encontrar una **5.ª**, cuenta cada línea y cada espacio.
¡Asegúrate de contar la **primera** y la **última** nota!

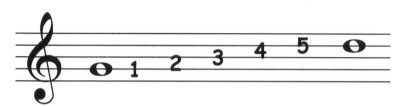

Sonidos de la selva tropical

1. Dibuja una **3.ª** o una **5.ª** hacia ARRIBA o hacia ABAJO de cada nota.
   Escribe los nombres de las notas en las líneas debajo del pentagrama.

Ej. MI SOL MI SI

Pista: piensa en un salto más otro salto.

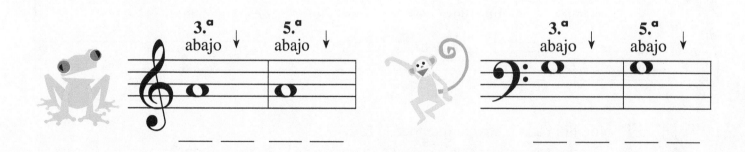

2. Marca con una X cada intervalo que no sea una **5.ᵃ**.

| **DO** subiendo a **SOL** | **FA** subiendo a **SI** | **LA** bajando a **SOL** | **SOL** subiendo a **DO** |

3. Identifica cada intervalo como una **2.ᵃ**, **3.ᵃ**, **4.ᵃ** o **5.ᵃ**.

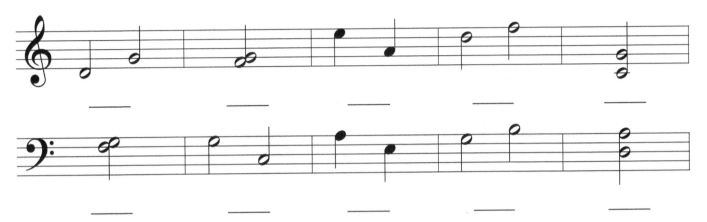

4. En este pentagrama hay cuatro intervalos de **5.ᵃ**. Enciérralos en círculos.

5. Toca a primera vista el siguiente pentagrama. Cuenta un compás antes de comenzar.
¡Pon atención a los intervalos de **5.ᵃ**!

 Cierra los ojos. Tu profesor tocará **segundas**, **terceras**, **cuartas** o **quintas**.

Di en voz alta el nombre del intervalo que escuchas.

 2.ᵃ   **3.ᵃ**   **4.ᵃ**   **5.ᵃ**

Para uso exclusivo del profesor: los ejemplos se pueden tocar en cualquier orden y repetir varias veces.
Puede crear intervalos adicionales de 2.ᵃ, 3.ᵃ, 4.ᵃ o 5.ᵃ usando este modelo.

Los silencios de blanca y de redonda

El silencio de blanca se escribe **sobre la tercera línea** del pentagrama.

 = 2 tiempos de silencio.

El silencio de redonda se escribe **debajo de la cuarta línea** del pentagrama.

= 4 tiempos de silencio, o silencio durante *todo* un compás.

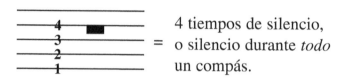

El canto de la selva

Rápido, movido (♩ = 100)

p (1 - 2 - 3 - 4)   (1 - 2 - 3 - 4)   *cada vez más fuerte*

¿1 en? ___
¿5 en? ___

5

¿3 en? ___   3

mf La sel - va   me a-tra - pó   con su can - ción, *(2 - 3 - 4)*

1
5

9

5   4

su can - to ins - pi - ra mi i - ma - gi - na - ción. *(2 - 3 - 4)*

Toca 1 octava más bajo de lo que está escrito.

DESCUBRIMIENTO Nombra cada **silencio** en los *compases 13-16*. Ahora regresa a *Una vez hubo un juez*, en la página 49. Añade silencios de redonda en cada compás en blanco de la M.I.

Noche sin luna

Suavemente

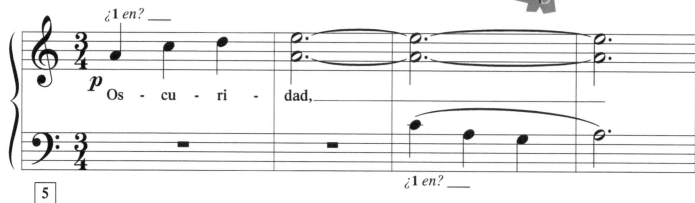

¿1 en? ___

p Os - cu - ri - dad, ___

¿1 en? ___

5

mp os - cu - ri - dad. ___

9

mf Hoy la lu - na no es - tá, ¡tan - ta

13

os - cu - ri - dad! ___

p

Acompañamiento para el profesor (el alumno toca *1 octava más alto*):

1 5 13

Fine 9

D.C. al Fine

pp-p al repetir
con pedal

5 2 2 1
5

mp

〜Técnica e interpretación, página 29

Dibuja los silencios

1. Dibuja un **silencio de blanca** en cada compás para la M.D.

2. Dibuja un **silencio de redonda** en cada compás para la M.I.
Luego toca la melodía y sube por la escalera hasta la luna.

Escalera a la luna

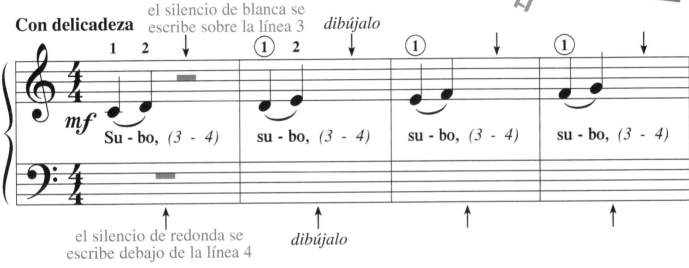

el silencio de blanca se escribe sobre la línea 3 · *dibújalo*

Con delicadeza

Su - bo, *(3 - 4)* su - bo, *(3 - 4)* su - bo, *(3 - 4)* su - bo, *(3 - 4)*

el silencio de redonda se escribe debajo de la línea 4 · *dibújalo*

su - bo, *(3 - 4)* su - bo, *(3 - 4)* su - bo, *(3 - 4)* ¡DO!

3. Dibuja *un solo* silencio para completar cada compás.

silencio de negra · silencio de blanca · silencio de redonda

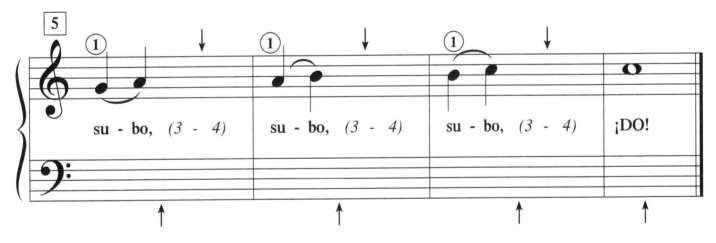

Ej.

¡Observa el **signo de compás**!

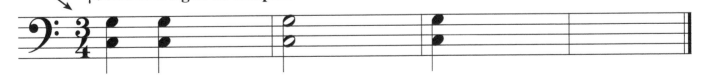

El gnomo gruñón

Escala de _____ de 5 dedos

Escarbando

¿*4 en?*

¿Dón-de_es-tá? ¿Dón-de_es-tá? ¿Dón-de_es-tá mi go-rro de dor-

¿*1 en?* ___
¿*4 en?* ___

mir? ¡Lo quie-ro! ¡Lo quie-ro! ¡Lo quie-ro ya! ¡Ya!

¿Dón-de_es-tá? ¿Dón-de_es-tá? ¡A la ca-ma ya me quie-ro

¡El gnomo bosteza y comienza a roncar!

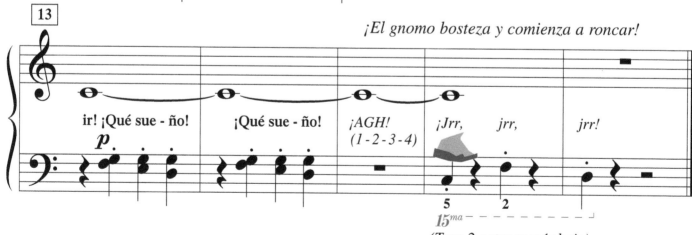

ir! ¡Qué sue-ño! ¡Qué sue-ño! ¡AGH! ¡Jrr, jrr, jrr!
(1-2-3-4)

15ma - - - - - - -

(Toca 2 octavas más bajo).

CREACIÓN ¿Crees que los "ronquidos" al final deben sonar *f* o *p*?
Escribe el matiz que escojas en el gorro del gnomo.

Silencios gruñones

El gnomo gruñón cometió varios errores en su tarea de teoría:

- Dibuja una X sobre los compases en los cuales **sobran tiempos**.

- Dibuja una X sobre los compases en los cuales **faltan tiempos**.

Tu profesor contará con un pulso estable, para que marques con la mano o con el pie.

- Escucha el ejemplo que toca tu profesor mientras marcas el pulso.
- Encierra en un círculo el tipo de silencio que escuchas en cada ejemplo.

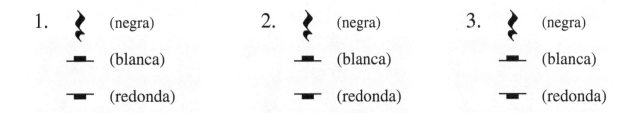

1. 𝄽 (negra)
 ▬ (blanca)
 ▬ (redonda)

2. 𝄽 (negra)
 ▬ (blanca)
 ▬ (redonda)

3. 𝄽 (negra)
 ▬ (blanca)
 ▬ (redonda)

Para uso exclusivo del profesor: los ejemplos se pueden tocar en cualquier orden. Cuente en voz alta con un pulso estable para que el alumno marque mientras usted toca. Cuente un compás completo antes de cada ejemplo.

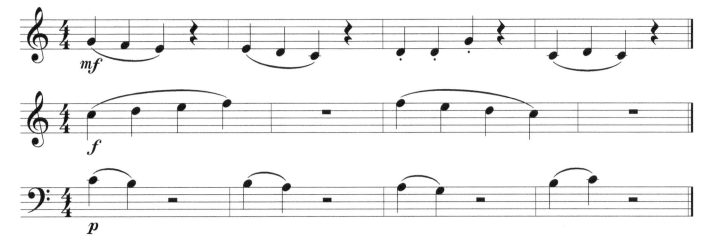

Semitono: la distancia que hay entre una tecla y la tecla más cercana.

- Encuentra y toca estos **semitonos** en el piano.

 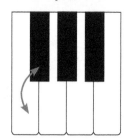 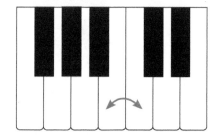

Sostenido ♯: significa que hay que tocar un semitono **MÁS ALTO**.

- Encuentra y toca estos **sostenidos** en el piano.

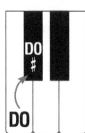 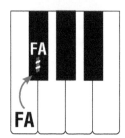 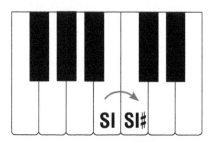

¡SI sostenido es una tecla blanca! MI sostenido también.

1. Dibuja estos sostenidos:

Ahora, dibuja tu propio ♯ en cada una de las estrellas del mago Merlín.

2. Conecta los **sostenidos** de las varitas mágicas con las teclas correctas.

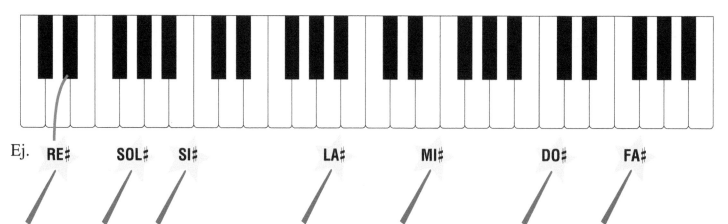

Ej. **RE♯**   **SOL♯**   **SI♯**   **LA♯**   **MI♯**   **DO♯**   **FA♯**

Regla para los sostenidos

El sostenido vale en todo el compás, pero *no* en el siguiente. En un compás nuevo hay que volver a escribir el sostenido.

todavía
FA♯

Presiona el pedal derecho (de resonancia) durante toda la pieza.

El mago Merlín

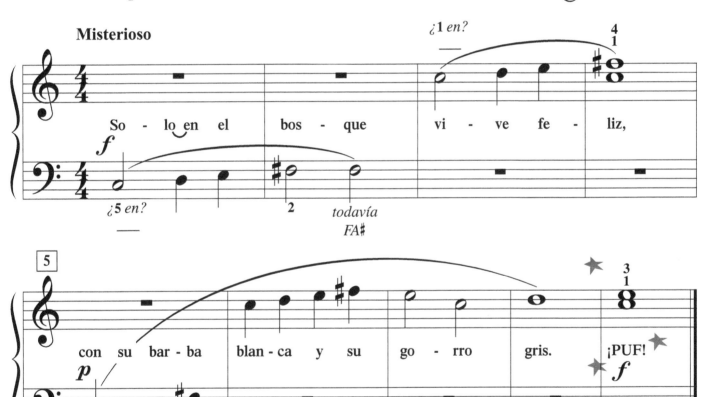

Misterioso

So - lo en el   bos - que   vi - ve fe - liz,

¿**1** en?

¿**5** en?   **2**   *todavía* FA♯

con su bar - ba   blan - ca y su   go - rro   gris.   ¡PUF!

¡Toca el DO MÁS GRAVE!
8va

DESCUBRIMIENTO

Para tocar los FA♯, "camina" con los dedos hacia la tapa del piano.
Tu muñeca se elevará ligeramente.

Acompañamiento para el profesor:

8va *más alto siempre*

mf   pp   f

Danza de los marineros rusos

Rápido y enérgico

Canción tradicional de Rusia

CREACIÓN Para un final especial, deja que el marinero ruso baile por todo el teclado.
Usa solo LA y SOL♯ en diferentes octavas. Termina en el LA más grave.

Acompañamiento para el profesor (el alumno toca *1 octava más alto*):

Técnica e interpretación, página 33

Bemol ♭: significa que hay que tocar un semitono **MÁS BAJO**.

1. Encuentra y toca estos bemoles en el piano.

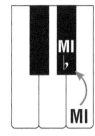

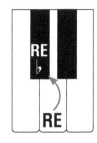

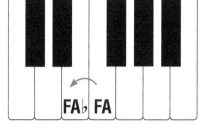

¡FA bemol es una tecla blanca!
DO bemol también.

2. Tu profesor dirá los nombres de diferentes bemoles. Tócalos en el piano.

Regla para los bemoles

El bemol vale en todo el compás, pero *no* en el siguiente. En un compás nuevo hay que volver a escribir el bemol.

todavía
MI ♭

El superagente secreto

Lento

f

todavía
SI ♭

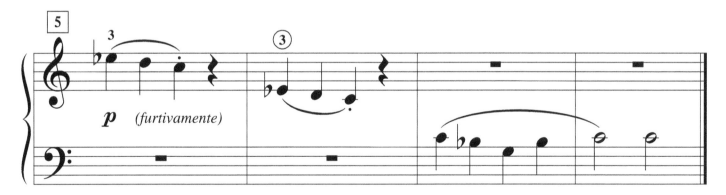

p (furtivamente)

Acompañamiento para el profesor:

M.D.

M.I.

f–p

Me encanta ir a fiestas

Aprende primero los *compases 5-6*.
¡Diviértete con los cruces de la
M.I. al LA♭!

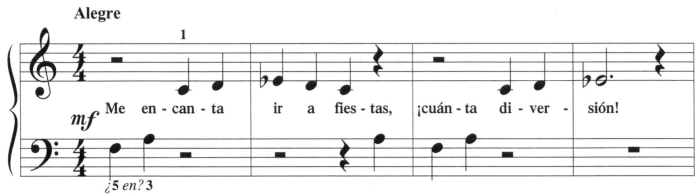

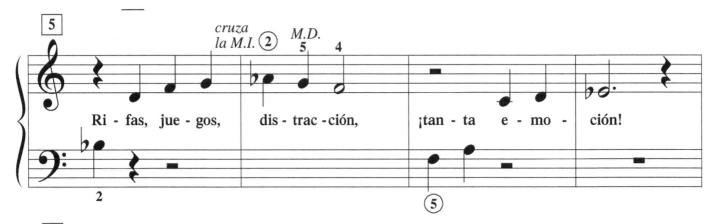

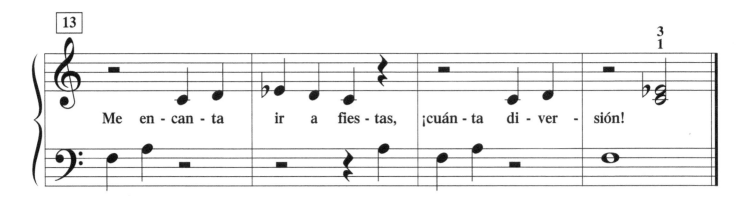

Juegos con bemoles

1.

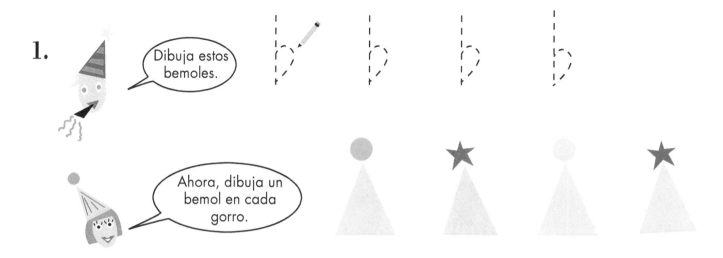

2. Conecta los **bemoles** con las teclas correctas.

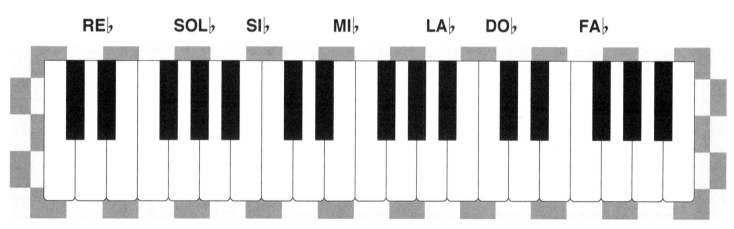

RE♭   SOL♭   SI♭   MI♭   LA♭   DO♭   FA♭

3.

Ej. MI♭

Tónica y dominante

- En la escala de DO de 5 dedos, toca la PRIMERA nota, **DO**, y la QUINTA nota, **SOL**. Estas son las dos notas más importantes de la escala.

- Fíjate en las descripciones de cada nota en el siguiente gráfico. Aprende cuál es la **tónica** y cuál es la **dominante**.

Marcha de dos notas

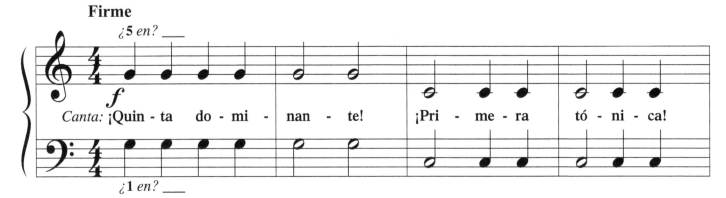

- Encierra en un círculo la respuesta correcta para cada compás: **tónica** o **dominante**.

| tónica | tónica | tónica | tónica | tónica | tónica |
| dominante | dominante | dominante | dominante | dominante | dominante |

Una niña en bicicleta

Música de Ferdinand Beyer
(1803-1863, Alemania)
adaptación

Rodando

Siem-pre pe-da - lean-do por mi | ba-rrio voy pa - sean-do, en mi

bi - ci dis-fru - tan-do y mi - ran-do al-re - de - dor.

En los *compases 1-4*, identifica cada nota de la M.I. como **tónica** o **dominante**.

Un niño en bicicleta

Música de Ferdinand Beyer
adaptación

Rodando

En mi bi - ci - cle-ta yo soy | to-do un a - tle-ta, es la

di - ver-sión com - ple-ta ¡el de - por-te es mi pa - sión!

Generalmente, las piezas terminan en la **tónica**.
¿Sucede esto en ambas canciones?

Las notas de tónica y dominante

Recuerda, tanto en la escala de DO de 5 dedos, como en otras escalas de 5 dedos que aprenderás luego:

La primera
nota se llama
tónica.

La quinta nota
se llama
dominante.

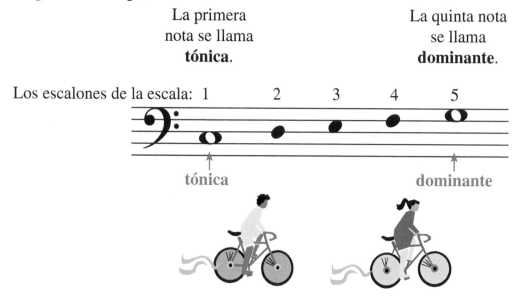

Los escalones de la escala: 1   2   3   4   5

tónica   dominante

Un paseo en bicicleta

- En cada compás, dibuja una nota redonda de **tónica** o **dominante**:

    Dibuja la **tónica** si la melodía usa principalmente los escalones 1-3-5.

    Dibuja la **dominante** si la melodía usa principalmente los escalones 2-4-5.

Moderado

p Su - bi - ré por la co - li - na,

Ej.   *dibuja la nota correcta*

5

su - bi - ré,   su - bi - ré   has - ta la   ci - ma.

mp

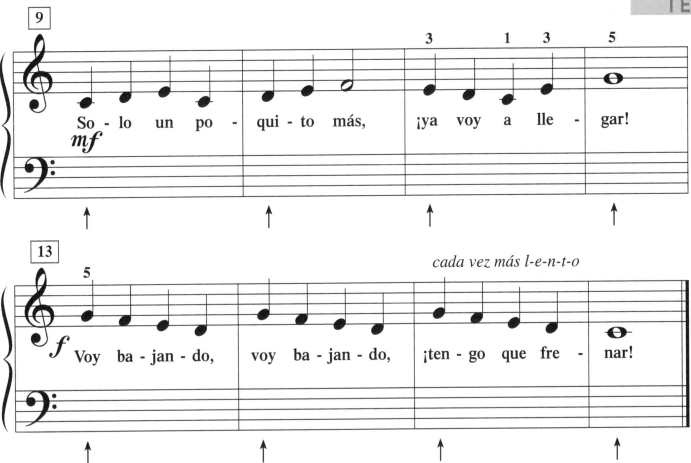

9

So - lo un po - qui - to más, ¡ya voy a lle - gar!

mf

13

cada vez más l-e-n-t-o

f Voy ba - jan - do, voy ba - jan - do, ¡ten - go que fre - nar!

- Toca *Un paseo en bicicleta*, incluyendo las notas que dibujaste para la M.I. ¡Acabas de **armonizar** la melodía!

Tu profesor tocará un ejemplo corto que terminará en **tónica** o **dominante**. Encierra en círculos las ruedas con las respuestas correctas. (Todos los ejemplos comienzan en la tónica).

a. TÓNICA DOMINANTE

b. TÓNICA DOMINANTE

c. TÓNICA DOMINANTE

d. TÓNICA DOMINANTE

Para uso exclusivo del profesor: los ejemplos se pueden tocar en cualquier orden. Puede crear más ejemplos para que el alumno responda verbalmente.

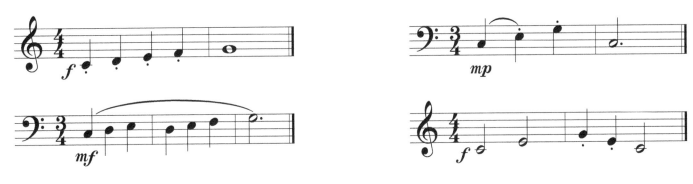

El acorde de DO

El acorde de DO está formado por 3
notas que suben en **terceras** desde DO.

SOL
MI
DO — nombre del acorde

Ejercicios de calentamiento

1.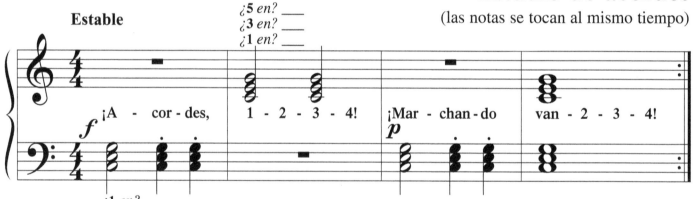

> *Repite una 8ᵛᵃ
> más alto.*

mf

2.

> *Repite una 8ᵛᵃ
> más bajo.*

mf

Estudio de acordes
(las notas se tocan al mismo tiempo)

Estable

¿*5 en?* ___
¿*3 en?* ___
¿*1 en?* ___

f ¡A - cor - des, 1 - 2 - 3 - 4! ¡Mar - chan - do van - 2 - 3 - 4!

p

¿*1 en?* ___
¿*3 en?* ___
¿*5 en?* ___

Estudio de arpegios
(las notas se tocan una a la vez)

Juguetón

*cruza
la M.I.* ②

1

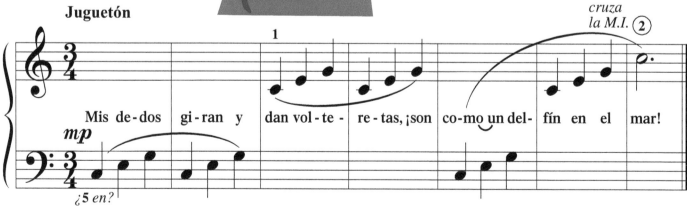

mp Mis de-dos gi-ran y dan vol-te - re-tas, ¡son co-mo un del- fín en el mar!

¿*5 en?*
___

DESCUBRIMIENTO ¿Puedes tocar esta canción usando el **acorde de SOL**?
Pista: SOL será la nota *más baja.*

Vamos a remar

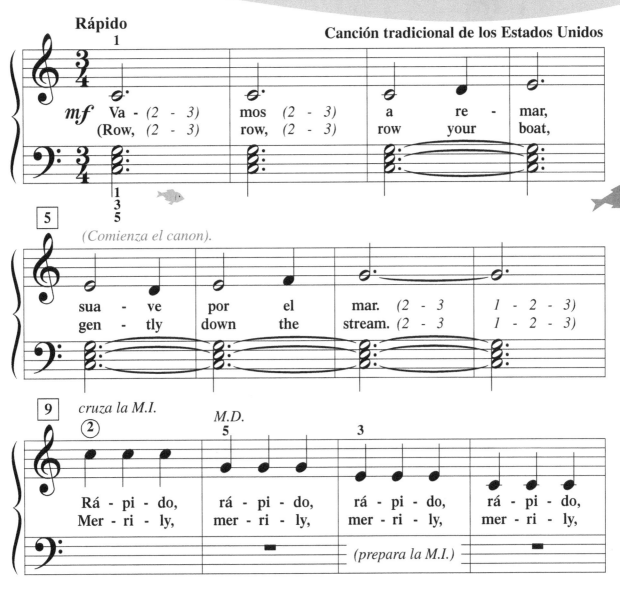

Rápido

mf Va - (2 - 3) mos (2 - 3) a re - mar,
(Row, (2 - 3) row, (2 - 3) row your boat,

1
3
5

5 (Comienza el canon).

sua - ve por el mar. (2 - 3 1 - 2 - 3)
gen - tly down the stream. (2 - 3 1 - 2 - 3)

9 *cruza la M.I.* M.D.

Rá - pi - do, rá - pi - do, rá - pi - do, rá - pi - do,
Mer - ri - ly, mer - ri - ly, mer - ri - ly, mer - ri - ly,

(prepara la M.I.)

13

va - mos a lle - gar.
life is but a dream.) *p*

DESCUBRIMIENTO

Toca *Vamos a remar* a manera de canon junto con tu profesor: él tocará 2 octavas
más alto y comenzará cuando tú llegues al *compás 5*. Toca la canción dos veces.

Técnica e interpretación, página 39

69

Construye el acorde de DO

Recuerda, el acorde de DO se construye SUBIENDO en **terceras** (saltos) desde el DO.

• Dibuja estos acordes.

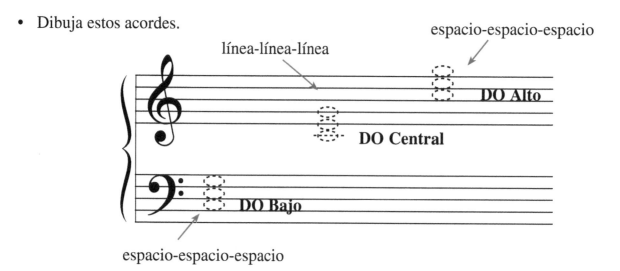

Los acordes del espantapájaros

1. Escribe el **acorde de DO** comenzando desde cada uno de los DOs a continuación.
Pista: fíjate en los acordes del gráfico de arriba si necesitas ayuda.

Acordes en el maizal

2. Añade las notas que faltan hacia *arriba* o hacia *abajo* para formar acordes de DO.
Recuerda, **el DO debe ser la nota más baja de cada acorde**.

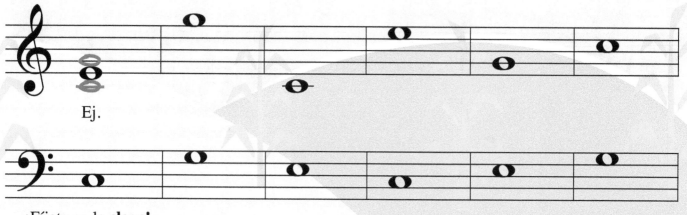

Ej.

¡Fíjate en la **clave**!

El acorde de I

El número **1** se escribe **I** en números romanos.

El acorde de DO se conoce también como el acorde de **primer grado** o **I** en la escala de DO de 5 dedos.

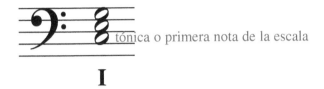

tónica o primera nota de la escala

I

Para prepararte

Antes de tocar esta canción, escribe un **I** debajo de cada compás con el acorde de DO.

El espantapájaros

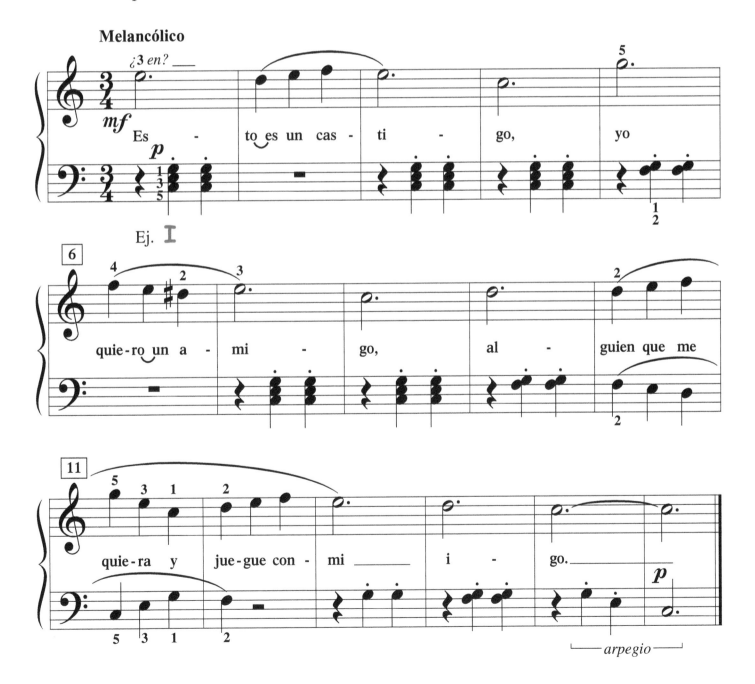

arpegio

Los elefantes

Tradicional

Técnica e interpretación, páginas 40-41

Llena los espacios en blanco

El número _____ se escribe **I** en números romanos.

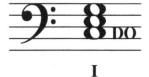

I

En la escala de DO de 5 dedos, el acorde de _____ se llama acorde de **primer grado (I)**, porque se construye sobre el escalón _____ de la escala.

Las tres notas del acorde de DO son _____, _____ y _____.

- Encierra en círculos todos los acordes de DO y luego escribe un **I** (número romano) debajo. Recuerda, DO debe ser la nota más *baja* de cada acorde de DO.

- Dibuja una X sobre los otros acordes.

Ej. I

¡Fíjate en la **clave**!

Tu profesor tocará el ejemplo **a** o **b**.
Escucha con atención y encierra en un círculo el ejemplo correcto.

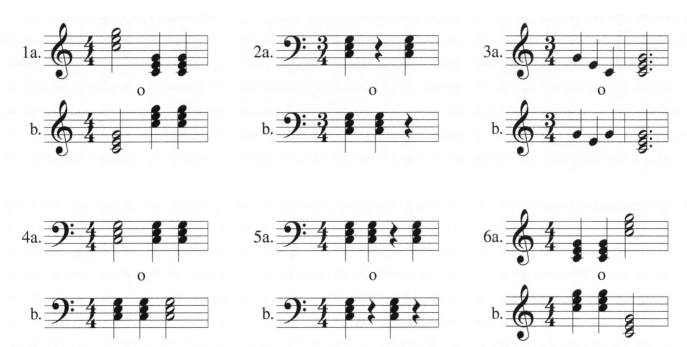

73

El acorde de V⁷

FA
RE
SI
SOL

El número **5** se escribe **V** en números romanos.

El **acorde de V⁷** es un acorde de 4 notas:
(V⁷ se lee: "de dominante con séptima").

En este libro usaremos una versión simplificada del acorde de V⁷ con solo 2 notas:

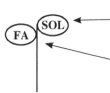

La dominante, **el escalón V de la escala**.

FA está **7 notas** arriba de SOL.
Para hacerlo más fácil, lo tocaremos justo debajo del SOL.

V⁷

- Toca los siguientes acordes y di sus nombres en voz alta.

Toca:
M.I.

I V7 I

Toca:
M.D.

I V7 I

Tema de la
Sinfonía de Londres

Franz Joseph Haydn
(1732-1809, Austria)
adaptación

Vivaz

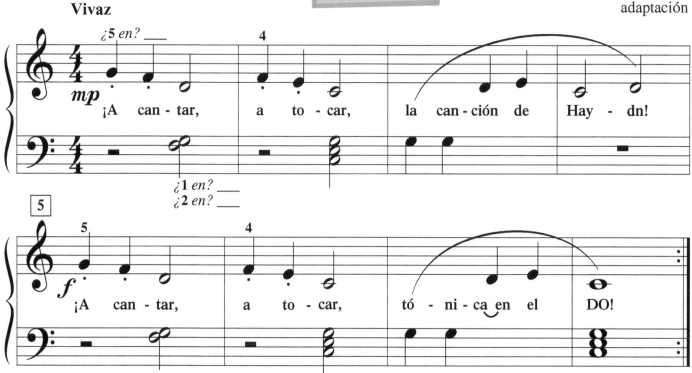

¿5 en? ___   4

mp ¡A can - tar,   a to - car,   la can - ción de Hay - dn!

¿1 en? ___
¿2 en? ___

5   4

f ¡A can - tar,   a to - car,   tó - ni - ca en el DO!

DESCUBRIMIENTO

Escribe **I** o **V⁷** debajo de cada acorde.

Acerca del señor Haydn

1. Primero lee la letra y toca cada melodía.

2. Luego, escribe **I** o **V⁷** en cada cuadrado para armonizar la melodía.

- Usa el **acorde de I** si la M.D. toca principalmente los escalones 1-3-5.

- Usa el **acorde de V⁷** si la M.D. toca principalmente los escalones 2-4-5.

El palacio del príncipe Esterházy

3. Toca cada melodía con sus acordes.

- Tu profesor tocará cada una de las melodías cambiando el ritmo de **un solo** compás. Observa con atención y señala el compás que fue cambiado.

rit. = ritardando

Significa una disminución gradual en la velocidad de la música. Con frecuencia *ritardando* se abrevia *ritard.* o *rit.*

- Di *ritardando* en voz alta junto con tu profesor.
- Toca el último sistema para practicar el *ritardando*.

Una melodía de Beethoven

(de la *Sexta Sinfonía*)

Ludwig van Beethoven
(1770–1827, Alemania)
adaptación

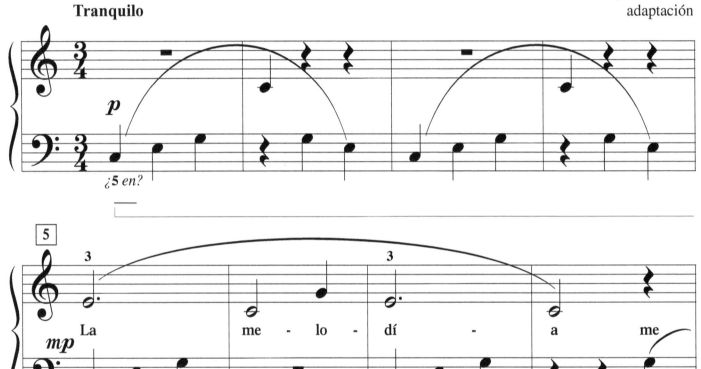

Acompañamiento para el profesor (el alumno toca *1 octava más alto*):

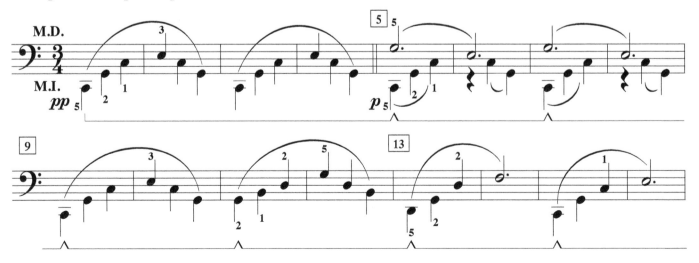

Técnica e interpretación, páginas 44-45, 46-47

da tran - qui - li - dad

p

mp

y

me trans - por - ta al

ver - de pas - ti - za al.

sube

p

ritardando

lo más suave posible

8va

DESCUBRIMIENTO Esta pieza tiene una *introducción* y un *final.* ¿Puedes mostrarle estas secciones a tu profesor? ¿Qué **arpegio** es usado para crear un sonido tranquilo? _____

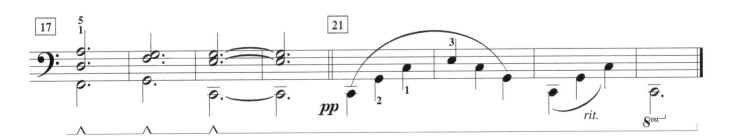

pp

rit.

8va

ritardando

significa una _____ gradual en la
velocidad de la música. (Llena el espacio en blanco).

Con frecuencia *ritardando* se abrevia *ritard.* o _____.

1. Añade las **barras de compás** según el signo de compás.
   Luego toca a primera vista.

2. Ahora, escribe **I** o **V⁷** en cada cuadrado para armonizar
   la melodía. Toca de nuevo cada melodía con sus acordes.

Acerca del señor Beethoven

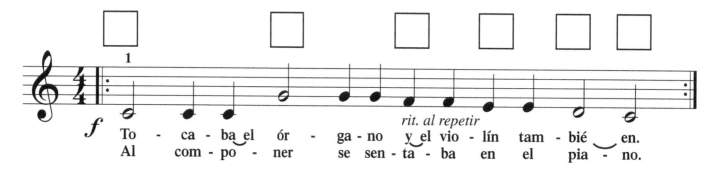

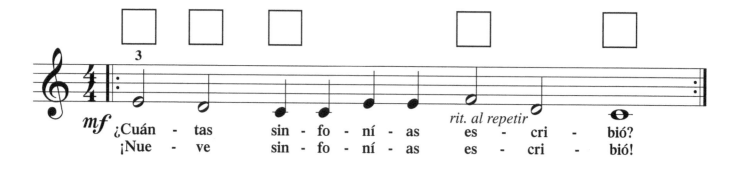

3. ¿Puedes contestar estas tres preguntas? Pista: ¡mira la letra si necesitas ayuda!

Pregunta:
¿Qué significa el
nombre Ludwig?

Pregunta:
¿Beethoven tocaba
otros instrumentos?

Pregunta:
¿Cuántas sinfonías
compuso Beethoven?

Ponle ojo a los acordes

Toca a primera vista la música a continuación. Establece un pulso estable y mira con anticipación los compases que vienen.

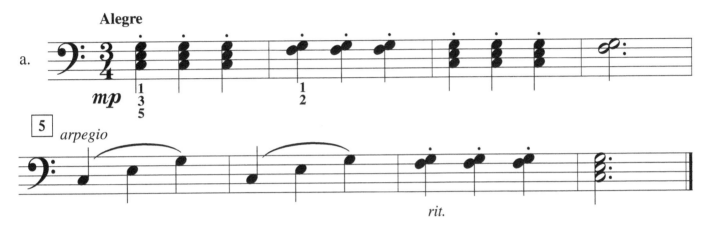

1. Pon la M.I. en la **escala de 5 dedos que comienza en el DO Bajo**.

2. Cierra los ojos mientras tu profesor toca ejemplos cortos con los acordes de **I** y **V⁷**.

3. Pon atención y toca lo que escuches.

Nota: si hay dos pianos disponibles, el profesor y el alumno pueden tocar en la misma octava.

Para uso exclusivo del profesor: los ejemplos se pueden tocar en cualquier orden.

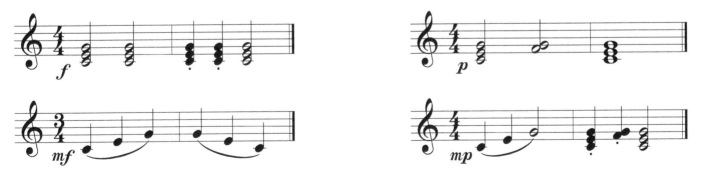

Se recomienda que los profesores continúen el ejercicio creando sus propios ejemplos.

Escalas de SOL de 5 dedos

SOL Central

SOL Bajo

SOL Grave

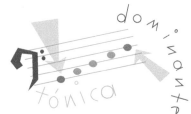

dominante

tónica

- Toca cada una de las **escalas de SOL de 5 dedos** en el gráfico de arriba. Lee siguiendo los *pasos*.

  La **tónica** (primera nota) es **SOL**.
  La **dominante** (quinta nota) es **RE**.

Ejercicio de calentamiento en SOL

Estable

¿1 en?

Tó - ni - ca_a la | do - mi - nan - te. | Tó - ni - ca_a la | do - mi - nan - te.

mf

¿5 en?

5

To - co las se - gun - das y ter - ce - ras al fi - nal.

¿5 en?

Acordes de SOL

Suavemente

mp

a r p e g i o s

a c o r d e s

I   I   V⁷   I

¡Sigue al señor Acorde!

• Sigue las instrucciones en los siguientes ejercicios.

Lee los símbolos de los acordes

• Pon las manos en la escala de SOL de 5 dedos.

• Toca los acordes de I y V⁷ siguiendo estos símbolos:

Con la M.I.:   I   V⁷   I   V⁷   I   Con la M.D.:   I   I   V⁷   V⁷   I

El acento significa que hay que enfatizar la nota, tocándola más fuerte que las demás.

La danza del dinosaurio

Escala de _____ de 5 dedos

Lento y pesado

(prepara la M.D.)

f ¡Bum! ¡Pum! ¡Tras! ¡Va - mos! ¡Bum! ¡Pum! ¡Tras! Voy lle -

¿5 en? 3 2 2 1 5 2 1

5

gan - do con mi dan-za es-pe - luz - nan - te. ¡Voy a

5 2 2 1

9

¿3 en? ___
¿1 en? ___

4
1

des - tro - zar, voy a a - plas - tar, voy lle -

2 2

13

gan - do con mi dan - za fe - roz!

5

2 1 5

8va

DESCUBRIMIENTO ¿La primera nota del *compás 15* es la tónica o la dominante?
¿La pieza termina en la tónica o en la dominante?

Improvisa una danza de dinosaurio

Improvisar significa crear "en el momento".

Improvisa una danza de dinosaurio haciendo lo siguiente:

1. Escucha cómo tu profesor toca el acompañamiento.
   Siente el ritmo marcado de la danza.

2. Cuando estés listo, toca EN CUALQUIER ORDEN las notas
   de la **escala de SOL de 5 dedos que comienza en el SOL Alto**.
   Escucha con atención: ¿puedes tocar suave cuando tu profesor
   toca *piano*? Imita los matices que hace tu profesor.

3. Termina la canción en un SOL.

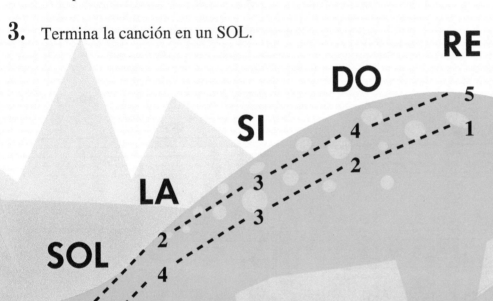

Toca en una escala
ALTA de SOL.

Acompañamiento para el profesor durante la improvisación:

(*Pídale al alumno
que termine la
canción en SOL*).

83

Anacrusa

Esta pieza comienza con una **anacrusa** (o **antecompás**), un compás incompleto que nos impulsa hacia el primer compás.

Si una pieza comienza con *anacrusa*, generalmente su último compás también está incompleto. Los tiempos combinados de la anacrusa y el último compás suman un compás completo.

Esta pieza comienza en el tercer tiempo.

El puente de Aviñón

Escala de _____ de 5 dedos

Técnica e interpretación, página 49

¿Sabías esto?

Los elefantes normalmente duermen solo cuatro horas durante la noche. Además, sus cuerpos pesados hacen que sea incómodo recostarse por mucho tiempo sobre una superficie dura.

Esta canción de cuna puede ayudar para que el elefantito se quede dormido.

La canción de cuna del elefantito

Escala de _____ de 5 dedos

Recuerda: esta pieza comienza en el tercer tiempo.

Lento

(prepara la M.D.)

mp Mi   e - le - fan - ti - to   es   muy   dor - mi - lón.

¿*1 en?* ___

¿*3 en?* ___
¿*1 en?* ___

¡Duer   -   me!,   cie - rra   los   o - jos   y

9

(prepara la M.D.)   *8va*

duer   -   me,   mi   co - ra - zón.   *(2 - 3)*   *p* Shh...

rit.

DESCUBRIMIENTO

¿Puedes tocar la M.I. *una octava más bajo?* Escucha el sonido grave y profundo.

Acompañamiento para el profesor:

M.I.   *p*   *rit.*   *p*

El globo de chicle

Escala de _____ de 5 dedos

Presta atención: ¿puedes tocar toda la pieza, excepto el último compás, sin mirar tus manos?

Con entusiasmo

mf Yo hi - ce un glo - bi - to mas - can - do chi - cle hoy. Se a - gran - dó, se re - ven - tó y muy con - ten - to es - toy.

mp Chi - cle en el men - tón, el pe - lo y la na - riz.

mf ¡Se pe - gó en mi ca - ra y me pu - se muy fe - liz! Tam -

Técnica e interpretación, páginas 52-53

17
bién en mi ca - mi - sa el chi - cle se un - tó, fue

21
al - go que a mi pa - pá y ma - má les dis - gus - tó. El

25
glo - bo fue e - nor - me, ¡tre - men - da ex - plo - sión! Pe -

29 **Muy lento**   **Rápido**
ro es-to a mí me lle - na ¡de gran sa - tis - fac - ción!

DESCUBRIMIENTO ¿En cuál de los sistemas se usan solamente las notas del
acorde de SOL? _____

Diploma de Piano Adventures®

Felicitaciones a:

_____

(Escribe tu nombre)

Has terminado el NIVEL 2 y estás listo para el NIVEL 3

**LECCIONES
Y TEORÍA**   **TÉCNICA
E INTERPRETACIÓN**

Profesor:_____

Fecha:_____